KB212182

성경의 중간
송축하라(시편 102-104편)
THE MIDDLE OF THE BIBLE

권기호 지음

엘맨

성경의 중간 – 송축하라(시편 102-104편)

초 판 1쇄 | 2024년 4월 25일

지 은 이 | 권 기 호
펴 낸 이 | 이 규 종
펴 낸 곳 | 엘맨출판사

등   록 제10-1562(1985. 10. 29)
주   소 | 서울 마포구 토정로222 422-3
전   화 | 02) 323-4060
팩   스 | 02) 323-6416
이 메 일 | elman1985@hanmail.net
홈페이지 | www.elman.kr
I S B N | 978-89-5515-759-8 03230
정   가 | 17,000원

2023년 11월 16일(목) 소천한 장모님 고 홍순옥 권사님(91세, 부산모자이크교회)과 2023년 12월 3일(일) 소천한 어머님 고 박정옥 권사님(85세, 인천주안중앙교회)에게 이 책을 헌정합니다

권기호 목사님께서는 하나님의 말씀, 성경을 끝없는 연구와 말씀과의 씨름으로 성경이 66권이면서 한 권이라는 사실을 일깨우며 성경의 처음과 끝을 통해 주시고자 하시는 하나님의 뜻을 깨닫고자 노력하여 "성경의 이해"를 집필하셨다.

목사님께서는 성경의 처음과 끝을 연구하신 것으로 만족하지 않으시고 성경의 전체 중심은 어디이며, 그 중심에서는 하나님께서 무엇을 말씀하시고자 하시는지를 불철주야, 각고의 노력으로 발견하셔서, 성경의 처음과 끝, 그리고 중심을 관통하는 하나님의 뜻을 이 책을 통해 우리 성도들에게 제시하고 있다.

목사님께서는 이 책을 통하여 성경의 중심을 단순하게 설명하고 있는 것이 아니라 중심의 앞, 뒤를 면밀히 살피고 연구하여 하나님께서 성경의 중심에서 말씀하시고자 하는 바를 입체적으로 제시하고 있다. 입체적인 통찰을 통하여 성경의 통일성과 다양성을 총합하고 성경을 어렵게 접하는 것이 아니라 쉽게 접하도록 인도하고 있다. 하나님께 소망을 두고 달려가는 성도들이 하나님을 더욱 깊이 이해하고 믿음을 더욱 굳건히 하는 새로운 나날이 되시기를 바라며 이 책을 권해 드린다.

기독교대한하나님의성회성경총회

총회장 목사 정순경 박사

'구슬이 서말이라도 꿰어야 보배' 라는 말이 있다. 권기호 목사님의 책을 읽어보면서 성경의 많은 구슬들을 잘 꿰어서 보석을 보석답게 정리해주고 있음을 느낄 수 있었다. 성경은 66권으로 분량도 많고 성경책마다 쓰여진 동기와 배경이 많이 달라서 읽는 사람에게 어렵게 느껴질 때가 많았던 것이 사실이다. 그런데 권목사님의 설명을 들어보면서 그 어렵던 성경이 그리 어렵지 않게 이해가 되어지는 것은 성경의 많은 구슬들을 잘 꿰어내는 은사 때문일 것이다.

빛은 프리즘을 통과하면 7가지 무지개 색을 발견할 수 있다. 그런데 빛은 7가지 무지개 색만 있는 것이 아니라 더 많은 색깔로 분류할 수도 있다고 한다. 성경을 빛에 비유하면 그 성경 속에 있는 신비한 색깔들을 잘 드러내 주는 해설자가 필요하다. 권목사님은 성경속의 신비한 빛을 잘 드러내주는 해설자이시다.

나는 일반 교양서적들을 이것 저것 읽기도 하지만 한 책을 몇 번 반복하여 읽은 책은 어릴적 읽은 삼국지 뿐이었다. 그때는 읽을만한 다른 책이 없기도 했지만 그 책이 다시 읽으면 다시 읽을만한 재미도 있었기 때문이다. 그런데 아무리 삼국지 같은 재미있는 소설이라도 몇 번 읽으면 지루해져서 다시 읽어지지 않는다. 그런데 성경책은 몇십번을 읽어도 새롭게 느껴지고 깨닫는 부분이 있어서 좋다. 그런데 성경을 막연히 반복하여 읽는 것보다는 권목사님 같이 성경의 구슬들을 잘 꿰어서 보석처럼 빛나게 해주는 책을 옆에 두고 참고하며 읽는 것이 더욱 유익할 것으로 믿는다.

평안교회 담임목사 서영수

저자 권기호 목사님은 성경을 사랑하는 목회자입니다. 그를 생각하면 학사 에스라가 생각납니다. "에스라가 여호와의 율법을 연구하여 준행하며 율례와 규례를 이스라엘에게 가르치기로 결심하였었더라(에스라 7:10)" 저자는 신학생 시절부터 구속사적인 성경주해와 설교, 그리고 목회를 착실하게 준비한 분입니다. 강도사 시절, 상가 2층 교회에서 개척교회를 시작하였습니다. 목회를 하면서 꾸준히 성경연구에 힘썼습니다. 본서는 목회 현장에서 목회의 땀이 배어 있는 연구서라 할 수 있습니다.

그렇기 때문에 책을 읽어 나가면, 독자들은 자연스럽게 성경 안으로 이끌려가게 될 것입니다. 이 책을 보는 독자는 자연스럽게 성경을 펴게 될 것입니다. 본서의 가장 중요한 특징은 독자들로 하여금 성경의 전체를 볼 수 있는 눈을 열어준다는 점입니다. 바른 성경관을 가질 수 있게 해 줍니다. 성경을 균형 있게 볼 수 있는 관점을 제공해 줍니다. 무엇보다도 중요한 것은 본서는 성경의 저자가 성령 하나님임을 고백하게 해 준다는 사실입니다. 독자로 하여금 성경의 권위 앞에 무릎을 꿇게 해 줍니다.

오늘날은 성경을 자신의 사유물처럼 여기고 자기의 이익을 위하여 성경을 도구로 사용하는 사람들이 엄청나게 많은 영적 어두움의 시기입니다. 저자는 성경에 대한 바른 이해가 그 어둠을 밝힐 수 있다고 보고 있는 것입니다. 따라서 저자는 본서를 통하여 성경으로 돌아가자고 외치고 있는 것입니다. 성경을 사랑하는 독자 여러분! 본서를 통하여 더욱 하나님의 말씀을 사랑하여 "오직 여호와의 율법을 즐거워하여 그의 율법을 주야로 묵상하는 자 (시 1:2)"가 바로 독자 여러분이기를 소망하며 본서의 일독을 권합니다.

은강교회 담임목사 황병근

성경의 전체적인 이해

기독교에서 가장 중요한 것이 성경이다. 성경은 최고의 권위를 가지고 있다. 그렇다면 **첫째로,** 성경이란 무엇인가? 성경의 개념 혹은 정의는 크게 세가지이다. 첫째, 성경은 하나님의 말씀이다. 성경은 하나님의 영감으로 기록되었다(딤후 3:16, 벧후 1:21). 둘째, 성경은 하나님의 계시이다(계 1:1, 요 5:39, 46, 8:56, 행 10:43, 히 1:1-2). 성경을 통해서 하나님 자신을 드러내고 있다. 셋째, 성경은 하나님의 규범이다(딤후 3:16-17, 요 6:68). 즉 'canon'(캐논)이다. 성경은 유일한 법칙이며, 규칙이며, 진리이다. 따라서 성경은 기독교의 기초이며, 최고의 권위를 가지고 있다. 성경은 단순히 거룩한 책이 아니다. 성서가 아니다. 경전으로서 성경이다. 하나의 'story'(스토리)가 아니다. 이야기가 아니다. 정확무오한 하나님의 말씀이다. 하나님의 계시이며, 규범이다. 그런데 이러한 성경을 사람들이 이해하기 어려워한다는 게 사실이다. 성경을 읽어도 무슨 말인지 이해가 잘 안 된다는 것이다. 깨닫기가 대단히 힘들다는 것이다.

둘째로, 왜 성경은 이해하기가 어려운 것인가? 하나님께서 사람으로 하여금 모르게 하시려고 기록하시지는 않았을 것이다. 알게 하시려고 기록하셨다. 그렇다면 무엇이 문제인가? 하나님의 문제가 아니라, 우리 인간의 문제이다. 바로 그것은 우리의 사고방식에 문제가 있기 때문이다. 이 세상에는 크게 세 가지의 사고가 있다. 첫째, 헬라적 사고이다. 헬레니즘적 사고이다. 인간의 이성이 중심이 된 철학적 사고이다. 논리적이다. 세속적인 경향이다. 둘째, 히브리적 사고이다. 헤브라이즘적 사고이다. 인간의 감성이 중심이 된 종교적 사고이다. 현상적이다. 신비주의 경향이다. 셋째, 기독교적 사고이다. 헬라적 사고와 히브리적 사고를 재해석하는 사고이다. 하나님의 절대적 주권적 신앙이다. 신앙이 중심이 된 복음적 사고이다. 오직 예수 그리스도이다. 성령에 의해서 이루지는 사고이다. 새 예루살렘을 지향한다. 신본주의이다. 분명히 성경은 히브리적 사고로 기록되어 있는데, 우리의 사고는 헬라적 사고인 것이 문제이다. 또 성경은 히브리적 사고로 기록되었지만, 히브리적 사고로 끝나도 안 된다. 유대교인이 된다. 기독교적 재해석이 필요하다. 성령 안에서 복음으로 해석하는 방법 외에는 없기 때문이다. 그래서 성경을 이해하기 위해 성령 안에서 우리의 사고를 변화 시켜야 할 필요성이 있다(고전 1:23-24, 2:2, 고후 10:4, 골 2:8).

셋째로, 성경은 어떻게 구성되어 있는가? 성경은 하나의 통일성을 가지고 있다. 하나의 통일성을 가지고 있을 뿐만 아니라, 또한 다양성도 함께 가지고 있다. 그래서 성경은 한 권이지만, 구약과 신약으로 나누어지고, 구약 39권, 신약 27권, 총 66권으로 구성되어 있다. 더 나아가서 구약 39권은 다시 율법서, 역사서, 시가서, 선지서로 나눌 수 있다. 신약 27권은 다시 복음서, 사도행전, 서신서, 계시록의 네 부분으로 나눌 수 있다. 서로 짝을 맞추면서 4+4로 구성되어 있다. 이렇게 성경은 다양성을 가지고 있지만, 하나의 구조적 통일성을 이루고 있다.

넷째로, 성경의 중심 즉 핵심은 무엇인가? 성경에서 증거하는 가장 중요한 핵심은 바로 예수 그리스도이다(요 5:39, 46, 눅 24:44). 구약은 오실 예수 그리스도를 말씀하고, 신약은 오신 예수 그리스도와 다시 오실 예수 그리스도에 대해서 말씀하고 있다. 이것을 도표로 나타내면 다음과 같다.

성경 – 권위	
구약(옛 약속, 옛 언약)	**신약(새 약속, 새 언약)**
율법서 역사서 시가서 선지서	복음서 역사서(사도행전) 서신서 계시록
성경 – 토대	

예수 그리스도

이러한 성경의 처음은 구약이다. 구약성경의 맨 처음은 창세기이다. 창세기 1:1에서 "태초에 하나님이 천지를 창조하시니라"라는 선포로 시작한다. 창조로 시작한다. 그리고 말라기 4:6에서 '내가 와서 저주로 그 땅을 칠까 하노라'라는 말씀으로 끝을 맺고 있다. 저주로 끝을 맺고 있다. 그래서 구약성경은 창조로 시작하여 저주로 끝을 맺고 있다. 그런데 반해 성경의 마지막은 신약의 요한계시록이다. 신약성경의 맨 처음은 마태복음이다. 마태복음 1:1은 "아브라함과 다윗의 자손 예수 그리스도의 계보라"라고 선포하고 있다. 예수 그리스도의 계보로 시작하고 있다. 그리고 요한계시록 22:21에서 "주 예수의 은혜가 모든 자에게 있을지어다 아멘"으로 끝을 맺고 있다. 은혜로 끝을 맺고 있다. 구약 말라기 4:6에는 '아멘'이 없다. 그러나 신약 요한계시록 22:21에는 '아멘'이 있다. 저주에는 아멘이 없다. 그러나 저주를 은혜로 바꾸는 그곳에는 아멘이 있다. 그래서 신약성경은 족보로 시작하여 은혜로 끝을 맺고 있다. 그것은 바로 예수 그리스도를 통해서 저주가 은혜로 변화되는 것이다.

이렇게 성경을 전체적으로 보면 성경의 가장 처음인 구약의 창세기가 헬라어로, '알파' 즉 영어로는 A라고 할 수 있다. 히브리어로는 '알렙'이다. 그렇다면 성경의 마지막인 신약의 요한계시록은 헬라어로 '오메가' 즉 영어로 Z라고 할 수 있다. 히브리어로는 '타우'이다. 그런데 창세기와 요한계시록을 자세히 비교해서 보면, 창세기와 요한계시록이 서로 밀접하게 연관성을 가지고 있는 수미쌍관(inclusio)을 이루고 있다. 창세기는 창조 즉 에덴동산으로 시작하고 있다. 하나님께서 천지를 창조하시고 에덴동산과 사람을 만드시고, 하나님의 나라를 시작하였다. 하지만 아담과 하와가 범죄함으로 에덴동산에서 쫓겨나게 되었다. 사람의 타락으로 말미암아 하나님의 나라가 파괴되었다. 그래서 하나님의 나라를 세우기 위해서 제사장을 세웠고, 왕들을 세웠고, 선지자들을 세웠지만, 결국 하나님의 나라를 세우는데 실패했다. 그래서 마태복음은 예수 그리스도의 계보를 말씀하고 있다. 하나님의 아들 예수 그리스도를 통해서 하나님의 나라를 성취했다. 사도들과 교회를 통해서 하나님의 나라를 확장하고, 결국 예수 그리스도의 재림을 통해 하나님의 나라가 완성되고 있다. 예수 그리스도의 초림으로 다시 시작된 하나님의 나라가 예수 그리스도의 탄생, 고난, 죽으심과 부활, 그리고 승천을 통해서 성취되었다. 이제 요한계시록을 통해 예수 그리스도의 재림으로 하나님의 나라가 완성되는 것이다. 그래서 성경 전체의 시작 부분인 창세기 1-4장의 큰 주제는 '첫 창조와 타락'이라고 할 수 있다. 창세기 1-2장은 창조와 에덴을 말씀하고, 3장에서 뱀을 말씀하고 있다. 그리고 성경 전체의 마지막 부분인 요한계시록 19-22장의 큰 주제는 '심판과 새 창조'라고 할 수 있다. 요한계시록 20장에서 옛 뱀을 말씀하고, 21-22장에서 새 하늘, 새 땅과 에덴의 회복을 말씀하고 있다. 역순서로 되어 있다. 이러한 사실을 도표로 나타내 보면 다음과 같다.

영원	성경 - 권위			영원
	옛 언약		새 언약	
	창 1-4장	예수 그리스도	계 19-22장	
	첫 창조와 타락		심판과 새 창조	
	구약		신약	
	성경 - 토대			

12

그러면 성경의 중간 부분은 어디인가? 성경 전체의 중간 부분에서는 무엇을 가르치고 있는가? 그래서 먼저 성경 전체의 절의 중간을 찾았다. 성경 66권은 총 1,189장으로 구성되어 있다. 총 절 수는 성경마다 조금 달랐다. 개역성경은 31,101절이고, 개역 개정은 31,103절이었다. 구약성경에서 절을 안 매긴 137절은 별도로 생각했다. 이러한 성경 전체의 중간 구절이 바로 시편 103:1-2이다. 그런데 놀라운 것은 시편 103편 바로 앞의 시편 102편이다. 시편 102편은 바벨론에 끌려가 탄식 속에서 기도할 수 밖에 없었다. 그래서 시편 102편에서 시온 회복을 간청하고 있다. 그러면서 시편 103편에서는 다시 모세의 시대로 인도되면서(시 103:7), 여호와 하나님의 용서하심은 그의 인자하심에 있다고 한다. 그리고 시편 103편 바로 뒤의 시편 104편은 여호와 하나님이 창조자 되심을 말씀하고 있다. 그러면서 처음 6일간의 창조를 말씀하고 있다. 그 중심에 시편 103편이 있다. 시편 103편에서는 여호와를 송축하라고 한다. 그러면서 여호와의 인자하심을 말씀하고 있다. 그래서 스펄전은 시편 103편을 '한 권의 성경'이라고 할 만큼 포괄적인 진리를 담고 있다고 했다. 또한 시편 103편은 절 수가 22절로 히브리어 알파벳 수효와 같아서 알파벳 시편이라고 한다. 따라서 시편 103편을 중심으로 성경 전체의 역구조로 이루어져 있다. 진정한 시온의 회복을 바라는 자는 여호와를 송축해야 한다는 것이다. 그렇게 해야 할 이유는 바로 그 하나님이 창조주 하나님이시기 때문이라는 것이다. 은혜-송축-창조로 이어지고 있다. 이것을 도표로 나타내면 다음과 같다.

시편 102편	시편 103편	시편 104편
시온의 ㅎ복 간청	여호와를 송축하라	천지의 창조 섭리

	성경 - 권위		
	창 1-4장	시 103편	계 19-22장
영원	첫 창조와 타락	여호와를 송축하라	심판과 새 창조
		성경 - 토대	

  그 다음 성경 전체의 장의 중앙을 찾았다. 절의 중심에 이어 장의 중심이 어디냐는 것이다. 성경은 66권 총 1,189장으로 구성되어 있다. 구약성경이 929장이고, 신약성경이 260장이다. 그 중심 장이 594-595장이다. 시편 118편이다. 왜냐하면 구약성경의 절을 안 매긴 137절까지 포함하면 성경 전체에서 구절의 중심이 시편 118:18이기 때문이다. 이러한 시편 118편을 중심에 두고 그 앞에 시편 117편, 뒤에 시편 119편이 하나의 단락을 이루고 있다. 시편 117편은 성경 전체의 장 중에서 가장 짧은 장으로써 단 2절로 되어 있다. 그런데 반해 시편 119편은 성경 전체의 장 중에서 가장 긴 장으로써 무려 176절로 되어 있다. 따라서 시편 118편은 성경 전체의 정중앙에 위치해 있다고 할 수 있다. 뿐만 아니라 성경 전체의 축약판이라고 할 수 있다. 그래서 마틴 루터는 시편 118편을 '내가 가장 사랑하는 시편'이라고 했다. 이어서 이 시편은 '나를 수많은 환란에서 건져내었다'고 했다. 그리고 이 시편은 '나에게 큰 힘을 주었다'고 고백했다. 이것을 도표로 나타내면 다음과 같다.

시편 117편	시편 118편	시편 119편
성경에서 가장 짧은 장	**성경에서 가장 중심 장**	성경에서 가장 긴 장
여호와를 찬양하라	**여호와께 감사하라**	율법을 마음에 새기라

　뿐만 아니라, 시편 113-117편은 출애굽의 할렐시이다. 출애굽의 하나님을 말씀하고 있다. 이러한 출애굽 할렐시의 결론이 시편 118편이다. 그리고 시편 120-134편은 성전에 올라가는 노래이다. 시온의 하나님을 말씀하고 있다. 이러한 시온의 노래의 서론이 시편 119편이다. 출애굽과 시온의 순서로 기록되어 있다. 출애굽의 하나님이란 출애굽 사건을 배경으로 위기 가운데 빠졌던 자신의 백성을 구원하신 하나님을 가리키고 있다. 반면 시온의 하나님이란 자신이 구원하신 백성을 시온에서 축복하시는 하나님을 가리키고 있다. 따라서 출애굽을 통해서 구원 받음에 대해서 찬양하고, 감사할 뿐만 아니라, 시온을 향해 올라가기 위해서 마음에 율법을 새기라는 것이다. 그렇게 하는 자에게 시온의 축복을 누리게 하신다는 것이다. 이것을 도표로 나타내면 다음과 같다.

시편 113-117편	시편 118편	시편 119편	시편 120-134편
출애굽 할렐시	여호와께 감사하라	율법을 마음에 새기라	시온의 순례 시
유월절(장막절)		오순절(시내산)	장막절

	성경 - 권위			
	창 1-4장	시 118편	계 19-22장	
영원	첫 창조와 타락	여호와께 감사하라	심판과 새 창조	영원
	성경 - 토대			

그리고 그 다음 성경 전체에서 권의 중심을 찾았다. 성경 전체의 절 중심에 이어 장 중심에 이어 이제 권의 중심이다. 성경은 총 66권이다. 66권의 중심은 33권이다. 33권은 미가서이다. 칠십인역(LXX)은 호세아-아모스-미가-요엘-오바댜-요나-나훔-하박국-스바냐-학개-스가랴-말라기의 순서로 되어 있다. 그러나 마소라 본문(MT)은 호세아-요엘-아모스-오바댜-요나-미가-나훔의 순서로 나머지는 동일하게 되어 있다. 우리말 개역개정은 칠십인역(LXX)을 따르는 것이 아니라, 마소라 본문(MT)을 따라 호세아-요엘-아모스-오바댜-요나-미가-나훔-하박국-스바냐-학개-스가랴-말라기의 순서로 되어 있다. 마소라 본문과 우리말 개역 개정은 모두 정경 배열을 요나-미가-나훔 순서로 하고 있다. 요나서는 하나님께서 앗수르의 수도인 니느웨로 요나를 보내 하나님의 심판이 임박했음을 선포케 하자, 니느웨 백성들이 놀랍게도 회개하여 구원받는 것을 말씀하고 있다. 물론 나훔서와 연결해서 보면 앗수르의 심판은 잠시 연기된 상태였다. 그러나 나훔서는 잠시 연기된 니느웨에 대한 심판을 선언하고 있다. 니느웨에 대해 경고하고 있다. 결코 멸망하지 않을 것 같았던 앗수르도 결국 심판 받고 말았다. 니느웨의 전적 파멸을 말씀하고 있다. 따라서 미가서는 요나서와 나훔서 중간에 정경 배열이 이루어져 있다. 하나님이 어떤 분이신가를 일깨워준다는 점에서 요나서, 미가서, 나훔서는 같은 지평에 있다. 그러나 그 방향은 서로 다르다. 요나서의 하나님은 회개하는 니느웨에게 기꺼이 구원을 베풀어 주신다. 미가서의 하나님은 이스라엘과 유다의 부패와 타락을 벌하시면서도 기꺼이 품어 주신다. 나훔의 하나님은 다시 죄악을 저지르는 니느웨에게 대적하시어 니느웨를 치고 있다. 그러니까 요나서를 통해 비록 이방인 니느웨라 할지라도 회개하면 하나님께서 용서해 주시고, 구원해 주신다는 것을 말씀하신다. 하지만 미가서 7:10에서 "네 하나님 여호와가 어디 있느냐 하던 자라 그가 거리의 진흙같이 밟히리니 그것을 내가 보리로다"라는 말씀과 7:18에서 "주와 같은 신이 어디 있으리이까 주께서는 죄악과 그 기업에 남은 자의 허물을 사유하시며 인애를 기뻐하시므로 진노를 오래 품지 아니하시나이다"라는 말씀이 나훔서에서 그대로 이루어지고 있다. 하나님께서 다시 죄악과 불의를 행하는 니느웨를 심판하고 있다. 이렇게 이방인 니느웨에 대한 구원과 심판을 말씀하시는 요나서와 나훔서의 중심에 미가서가 있다. 이것을 도표로 나타내면 다음과 같다.

요나	미가	나훔
니느웨의 구원	북 이스라엘과 남 유다	니느웨의 멸망

	성경 - 권위		
	창 1-4장	미가서	계 19-22장
영원	첫 창조와 타락	심판과 구원(회복)	심판과 새 창조
	성경 - 토대		

성경 전체 66권의 중심이 되는 것이 미가서이다. 미가서는 크게 세부분으로 나눌 수 있다. 즉 각각 '들으라'(שִׁמְעוּ)로 시작하는 1:2, 3:1, 6:1을 중심으로 세 부분으로 나눌 수 있다. 이렇게 세 부분으로 나누면, 첫째, 1-2장이다. 둘째, 3-5장이다. 셋째, 6-7장이다. 이러한 각 단락들을 보면, 전반부에는 선민의 범죄 지적이나 심판 예언 등의 부정적 내용이 나오고, 후반부에는 구원과 회복의 예언 및 메시아의 도래 예언과 같은 긍정적 내용이 나오는 형식으로 되어 있다. 그러면서 이러한 각 단락들 안에 '심판과 구원'이 서로 짝을 이루고 있다는 것을 강조하고 있다. 첫 번째 단락에서(시 1:2-2:13), 1:2-2:11은 심판이며, 2:12-13은 구원이다. 두 번째 단락에서(시 3:1-5:15), 3:1-12은 심판이며, 4:1-5:15은 구원이다. 세 번째 단락에서(시 6:1-7:20), 6:1-7:6은 심판이며, 7:7-20은 구원이다. 각 단락들이 모두 심판에서 구원으로 연결된다. 심판이 중심이 아니라, 구원이 핵심이다. 심판을 통한 구원이다. 회개를 통한 회복이다. 이와 같이 미가서는 심판에서 구원으로 향하고 있다. 심판이 중심이 아니라, 구원이 중심이다. 심판이 목적이 아니라, 구원이 목적이다. 심판이 핵심이 아니라, 구원이 핵심이다. 성경 전체의 주제와 아주 밀접하게 연결되어 있다.

목 | 차

내가 고난을 받을 때에, 주님의 얼굴을 숨기지 마십시오. 내게 주님의 귀를 기울여
주십시오. 내가 부르짖을 때에, 속히 응답하여 주십시오.
Hide not thy face from me in the day when I am in trouble; incline thine ear
unto me: in the day when I call answer me speedily.
시편 102:1

01

여호와여!

성경의 중간

01 여호와여!

성경 : 시편 102 : 1 – 2

> **서론** 성경은 하나님의 말씀이다. 하나님의 계시이다. 하나님의 규범이다. 이러한 성경은 한 권이며, 66권으로 통일성과 다양성을 가지고 있다. 성경은 크게 두 부분으로 나눌 수 있다. 하나는 구약성경이며, 다른 하나는 신약성경이다. 성경 전체의 중심과 핵심은 예수 그리스도이다. 구약성경은 오실 예수 그리스도를 말씀하고, 신약성경은 오신 예수 그리스도와 다시 오실 예수 그리스도를 말씀하고 있다(요 5:39, 46)

1) 성경 전체의 시작 부분은 구약성경 창세기 1-4장이다.

창조를 통해서 시작한 하나님의 나라에 대해서 말씀하고 있다.

한 마디로 '첫 창조와 타락'에 대해서 말씀하고 있다.

2) 성경 전체의 마지막 부분은 신약성경 요한계시록 19-22장이다.

새 창조를 통한 하나님의 나라 완성에 대해서 말씀하고 있다.

한 마디로 '심판과 새 창조'에 대해서 말씀하고 있다.

3) 이렇게 성경 전체의 서론 부분과 결론 부분이 서로 밀접하게 연결되어 수미쌍관(inclusio)을 이루며, 하나의 통일성을 이루고 있다.

- 구약성경은 창세기 1:1의 창조로 시작하여, 말라기 4:6의 저주로 끝을 맺고 있다.
- 신약성경은 마태복음 1:1의 족보로 시작하여, 요한계시록 22:21에서 은혜로 끝을 맺고 있다.
- 말라기 4:6에는 아멘이 없다. 그러나 요한계시록 22:21에는 아멘이 있다. 저주를 은혜로 바꾸는 그곳에 아멘이 있다. 이것은 예수 그리스도를 통해서 저주가 은혜로 변하는 것이다.
- 성경은 창세기의 창조 즉 에덴동산으로 시작하여, 요한계시록의 새 창조 즉 새 하늘과 새 땅, 에덴의 회복, 에덴의 완성으로 끝을 맺고 있다. 이것을 그림으로 보면 다음과 같다.

창세기 1-2장	창세기 3장 - 계시록 20장	계시록 21-22장
에덴의 창조	엉망진창인 세상, 타락과 멸망이다.	에덴의 회복

4) 그렇다면 성경 전체의 중심은 어디인가?

성경 전체의 중심에서는 무엇을 말씀하고 있는가? 성경 66권은 총 1,189장이다. 그러나 총 절의 수는 성경마다 조금씩 다르다. 대략 개역성경은 31,101절이고, 개역개정은 31,103절이다. 없음과 생략

이 존재하기 때문에 달라질 수 있다. 따라서 성경 전체의 중심 절은 시편 103:1-2이다.

5) 성경 전체 절의 중심에서는 '내 영혼아 여호와를 송축하라'라는 말씀을 하고 있다. 그것도 수미쌍관(inclusio)을 이루면서 강조하고 있다(시 103:1, 22).

6) 시편 101편에서 이상적인 '인간-왕'의 모델로 다윗을 제시하지만, 결국 '인간-왕'의 실패를 말씀하고 있다.

여호와의 기름 부음을 받은 인간-왕들이 제대로 수행하지 못한 결과로 이스라엘 백성들은 시편 102편에서처럼 바벨론에 끌려가 탄식 속에서 기도할 수밖에 없었다. 그래서 시편 102편에서 시온 회복을 간청하게 되는 것이다. 그러면서 다시 103편에서 모세의 시대로 인도하면서(시 103:7), 여호와 하나님의 용서하심은 그의 인자하심에 달려있고, 그 인자하심은 율법을 지키고 행하는 경건한 자에게 임한다는 것을 말씀하고 있다. 그리고 104편에서는 여호와의 창조자 되심을 말씀하고 있다. 이어지는 시편 105편은 아브라함에서부터 출애굽을 말씀하시면서 언약에 신실하신 하나님, 106편은 출애굽의 광야에서 포로기를 말씀하시면서 인자하신 하나님에 대해서 말씀하고 있다.

7) 이렇게 시편 102편이 시온의 회복을 말씀하고 있고, 시편 104편
이 처음 6일간의 창조를 말씀하고 있는 그 중심의 시편 103편에
서 여호와를 송축하라고 하면서 여호와의 인자하심을 말씀하고
있다.

그래서 스펄전은 시편 103편은 한 권의 성경이라 할 만큼 포괄적인
진리를 담고 있다고 했다. 또한 103편은 절수가 22절로 히브리어
알파벳 수효와 같아서 알파벳 시편이라고 한다. 이것을 도표로 나
타내면 다음과 같다.

시편 102편	시편 103편	시편 104편
시온의 회복 간청	여호와를 송축하라	천지의 창조 섭리

8) 그런데 놀라운 것은 시편 102-104편은 성경 전체의 역순서로
기록되어 있다는 것이다.

이것은 시편 102편은 마치 성경 전체의 마지막 부분인 요한계시록
마지막 부분의 시온의 회복, 에덴의 회복을 먼저 말씀하는 것과 같
다. 그리고 시편 104편은 성경 전체의 처음 부분인 창세기 처음 부
분의 창조 사역, 창조의 시작을 나중에 말씀하고 있는 것과 같다. 그
러면서 그 중심 103편에서 여호와 하나님을 송축하라고 한다. 사실
성경 전체의 역사적 순서를 그대로 말하면 시편 104편이 먼저 오
고, 시편 102편이 나중에 와야 한다. 그런데 오히려 역순서로 말씀
하시면서 강조하는 내용은 진정한 시온의 회복을 바라는 자는 어떻
게 해야 하는가? 이 문제를 말씀하시는 것이 바로 시편 103편이라

고 할 수 있다. 한마디로 여호와 하나님을 송축하라는 것이다. 그리고 그렇게 해야 할 이유가 바로 시편 104편에서 그 하나님이 창조주 하나님이시기 때문이라는 것이다. 여호와 하나님께서 세상을 창조하셨기 때문에 피조물은 당연히 송축해야 한다는 것이다.

1. 여호와여 주께 상달하게 하소서

1) 우리말 개역개정은 시편 102편의 표제를 "고난 당한 자가 마음이 상하여 그의 근심을 여호와 앞에 토로하는 기도"라고 한다. 101편에서는 다윗의 시, 103편에서도 다윗의 시라고 되어 있는데, 그 중심에 있는 시편 102편만이 다르게 기록되어 있다. 우리말 개역 개정은 표제가 독립되어 있으나, 원문에는 시편 102:1로 되어 있다. 그리고 우리말 개역개정의 시편 102:1은 시편 102:2로 되어 있다. 각 절이 한 절씩 뒤로 밀려 있다. 따라서 원문은 우리말 개역개정보다 한 절 더 많은 29절로 되어 있다.

2) 일반적으로 시편의 표제에는 기자, 기록 시기나 배경, 연주 방식이나 사용 악기 등이 기록되는 경우가 많이 있다. 그러나 시편 102편은 이에 대한 정보가 전혀 기록되어 있지 않다. 그래서 시편 102편은 누가 기록했는지 알 수 없다. 단지 시편 102편 표제에 나타난 것을 통해서 기자에 대해 추론할 수 있는 유일한 것은 고난 당하고 있다는 것이다. 괴로움이 많은 사람이었다는 것이다. 특별히 시편

102편 가운데 시인 자신의 영육의 고통과 주의 징계가 가져온 소외와 훼방 및 낙심과 절망을 토로한 부분이 있다(시 102:3-11). 또 시온의 회복을 바라보면서 구원에 대한 소망과 신앙을 고백하는 부분도 있다(시 102:12-17).

3) 따라서 102편의 시인의 괴로움은 바로 그 스스로의 개인적 고통인 동시에 더 나아가 바벨론 포로와 관련된 민족의 고통인 것이다. 이처럼 시인은 이방 나라에 포로로 끌려가 고난을 당하는 상황에서 자신을 비롯한 자기 민족이 느끼는 슬픔과 고통을 하나님께 토로하고, 여호와 하나님의 구원을 소망하면서 다시 시온으로 귀환하여 회복된 나라를 통해 온 민족이 여호와께 영광 돌릴 수 있기를 열망하고 있는 것이다.

4) 먼저 표제에서 시인은 자신을 가리켜서 '고난 당하는 자'라고 말하고 있다. 여기 고난 당하는 자란 심히 억압되어 있는 상태를 나타내고 있다. 경제적 측면보다 육체적, 정신적, 심리적 측면을 더 강조하는 것 같다. 지금 시인은 자신의 질병 가운데 경험하는 처절한 고난과 동시에 조국이 이방인의 말발굽에 짓밟히고 국토를 유린당하여 이역만리 이방 땅에 포로로 끌려와 슬픔의 나날을 보내고 있는 온 민족이 느끼는 치욕적인 고난을 의미한다.

5) 그 다음으로 '마음이 상하여'라고 한다. 이것 역시 시인 자신과 민족의 암울한 상황을 잘 보여주고 있다. 그래서 표제에 '그의 근심을 여호와 앞에 토로하는 기도'라고 한다. 따라서 시인은 사는 것

이 죽는 것보다 더 고통스러운 때에 그 괴로운 마음을 여호와 앞에 쏟아내고 있다.

6) 여호와 앞에 토로하면서 기도하는데, 기도의 대상을 '여호와여'라고 한다. 여기 '여호와여'라는 말씀은 여호와 하나님과 여호와 하나님의 백성과 언약을 맺으시고, 그 언약을 신실하게 지키시는 하나님의 면모를 강조하는 신명이다. 시인은 아주 절박한 상황에서 무엇보다 먼저 '여호와여'라고 하면서 여호와의 이름을 부르고 있다. 신실하신 하나님을 찾고 있다.

7) 이어서 '들으시고'라고 하면서, 시편 102편의 시작부터 자신의 기도를 들어달라고 여호와께 아주 강력하게 요청하고 있다. 이를 통해 시인이 처한 형편이 얼마나 고통스럽고 그 고통으로부터 구원받기를 절실히 원하고 있는지를 암시하고 있다. 그것도 동의적 대구와 점층법으로 '기도'와 '부르짖음'으로, '들으시고'와 '주께 상달하게 하소서'라고 하면서 그 의미가 한층 강조되고 있다. 또한 1인칭으로 '내 기도'와 '내 부르짖음'이 여호와여 즉 주께 상달케 하소서라고 한다. 여기 상달케 하소서라는 말씀은 대제사장들이 하나님의 임재가 있는 속죄소, 지성소로 들어간다는 것과 같은 의미로 주께 가까이 나아간다는 것이다. 그래서 시인은 '여호와여 내 기도를 들으시고, 나의 부르짖음을 주께 상달하게 하소서'라고 간구하고 있다. 고난을 이기는 가장 강력한 무기는 기도이다.

2. 여호와여 속히 내게 응답하소서

1) 시인은 자신이 처한 형편을 표제에서는 '고난 당하는 자', '마음이
   상하여', '그의 근심'이라고 말씀하였는데, 이제 '나의 괴로운 날
   에'라고 한다. 여기 '괴로운'이라는 말씀은 공간이 매우 비좁아 운
   신할 수조차 없는 상태를 나타내고 있다(민 22:26). 그러므로 나의
   괴로운 날이란 자신을 둘러싼 상황이 너무나 암담하여서 앞으로
   나아갈 수도 없고, 뒤로 도망칠 수도 없고, 좌우로 비켜갈 수도 없
   는 절망적 고통의 때라는 것을 의미하고 있다.

2) 이러한 상황에서 시인은 '주의 얼굴을 내게 숨기지 마소서'라고 기
   도하는 것을 통해 주께서 그 얼굴을 숨기신다고 느끼고 있었다. 여
   기 '주의 얼굴을 숨긴다'는 것은 여호와 하나님의 특별하신 도우심
   이 필요한 괴로운 날에 주께서 얼굴을 숨기고 계신다는 것이다. 이
   러한 반대의 상황은 민수기 6:25-26에서 대제사장 아론을 통해서
   알 수 있다.

3) 또한 하나님의 얼굴은 하나님의 도우심을 의미한다(시 27:8, 대상
   16:11). 반면 그 얼굴을 돌려 그들로부터 숨기신다는 것은 축복을
   거두어 가시고, 그들을 멀리하시고, 더 이상 그들의 간구와 기도에
   응답하지 않으신다는 것이다. 즉 하나님이 그 얼굴을 가리우신다
   는 것은 하나님께 버림받는다는 것을 의미하는 것이다(사 59:2, 미
   3:4). 따라서 시인의 '숨기지 마소서'라는 말씀은 지금까지 여호와
   께서 그의 얼굴을 숨기고 계셨다는 사실을 전제하고 있다. 그러나

이제는 그 얼굴을 자신과 그의 백성들에게 비추어 구원을 베풀어 주시기를 간절히 간구하고 있는 것이다.

4) 그리고 더 나아가서 지금까지 주의 얼굴이라고 말씀했다가 이제는 주의 귀라고 말씀하고 있다. 여기서 '귀'라는 표현을 사용한 것은 하나님께서 그의 백성들의 기도에 귀 기울여 더 적극적으로 반응해 주시기를 바라는 시인의 간곡한 소망이 함축되어 있다. 사람의 귀를 만드신 여호와 하나님께서는 듣지 못하는 말이 없다(시 94:9, 잠 20:12). 그렇지만 시인은 그 귀를 자신을 향해 기울여 보다 적극적으로 들어달라고 기도하는 것이다.

5) 원문에는 1인칭 접미사가 결합하여 '내게로'라는 의미가 있다. 따라서 시인은 다른 사람이 아니라, 내게로 주의 귀를 기울여 달라는 것이다. 지금 매우 시급하며 여호와 하나님의 도움이 필요한 상황에서 꼭 주의 귀를 내게로 기울려 달라고 기도하는 것이다.

6) 이러한 시인의 간절한 간구의 마지막에 '…내가 부르짖는 날에 속히 내게 응답하소서'라고 명령형으로 다시 한 번 강조하고 있다. 시인은 자신의 기도와 절규에 하나님께서 신속하게 응답하여 주실 것을 호소하고 있다.

7) '나의 괴로운 날', '내게 숨기지 마소서', '내가 부르짖는 날' '내게 응답하소서'라고 하면서 1인칭을 사용하고 있다. 그러면서 '주의 얼굴', '당신의 얼굴', '주의 귀', '당신의 귀'라고 하면서 2인칭을 사용하고 있다. 이렇게 철저하게 고난 당하는 자 1인칭과, 여호와

하나님 즉 2인칭이 밀접한 관계에 있다. 여호와께서 고통 중에서 부르짖는 자신의 기도를 들어주시고, 속히 응답해 주실 것을 기도하고 있다. 고난 속에서 도움을 주시는 협력자는 하나님이시다. 하나님은 들으시고, 응답하시는 분이시다.

> **결론** 성경 전체의 첫 부분, 시작 부분은 창세기 1-4장이다. 한 마디로 '첫 창조와 타락'이다. 그리고 성경의 마지막 부분, 종결 부분은 요한계시록 19-22장이다. 한 마디로 '심판과 새창조'이다. 따라서 성경은 창조의 회복 즉 에덴의 회복, 하나님 나라의 회복을 말씀하고 있다.

1) 그렇다면 성경 전체의 중심 절은 어디인가? 그 중심 절이 시편 103:1-2이다. 시편 103편을 중심으로 앞과 뒤는 서로 밀접하게 연결되어 있다. 시편 103:1에서 "내 영혼아 여호와를 송축하라 내 속에 있는 것들아 다 그의 거룩한 이름을 송축하라"라고 한다. 그리고 시편 103:22에서 "여호와의 지으심을 받고 그가 다스리시는 모든 곳에 있는 너희여 여호와를 송축하라 내 영혼아 여호와를 송축하라"라고 한다. 이렇게 시편 103편은 수미쌍관(inclusio)을 이루고 있다.

2) 그러면 왜 여호와를 송축해야 하는가? 그 이유를 말씀하는 곳이 바로 시편 102편이다. 성경 마지막인 요한계시록 결론부와 연결되고 있다. 바벨론과 시온으로 연결되고 있다. 또한 그 여호와가

어떠한 분인가를 말씀하시는 곳이 바로 시편 104편이다. 성경 처음인 창세기의 시작과 연결되어 있다. 천지 창조주 하나님과 연결되고 있다. 그래서 시편 102-104편을 자세히 보면 성경 전체의 역순서로 되어 있다. 이것을 구조적으로 보면 다음과 같다.

시편 102편	시편 103편	시편 104편
시온의 회복 간청	여호와를 송축하라	천지의 창조 섭리

3) 그러므로 시편 102편의 배경은 크게 두 가지이다. 하나는 개인적인 배경이다. 개인적으로 고난을 당하고 있다. 개인적인 마음의 근심이 있다. 다른 하나는 민족적인 배경이다. 이스라엘 민족이 바벨론의 포로로 잡혀 갔다. 바벨론 포로라는 역사적 상황을 배경으로 하고 있다. 바벨론 포로 생활이다. 개인적으로 고난을 당하고, 바벨론 포로라는 암울한 상황에서 좌절만 하지 않고, 회복될 이스라엘을 바라보면서 '여호와여'라고 하면서 하나님을 찾고 있다.

4) 시편 102편은 큰 근심과 슬픔과 그리고 두려움에 사로잡힌 '고난당하는 자'의 시편이다. 아무리 새 하늘과 새 땅, 새 예루살렘을 향해 살아간다고 하더라도, 고난 당하는 것이 인생이다. 큰 근심과 슬픔에 싸일 때가 있다. 이렇게 나의 괴로운 날, 어둠의 세력이 점점 기세를 드높일 때 시편 기자는 어떻게 하고 있는가? 그것은 바로 '여호와여'라고 부르짖으며 기도로써 맞서 싸우고 있다(엡 6:12, 18). '여호와여'라고 하면서 기도로 나아가고 있다.

5) 그럼 기도에 어떤 것이 필요한가? 첫째, '내 기도'가 필요하다. '나의 부르짖음'이 필요하다. 내 자신이 하나님 앞에 마음 속 깊은 곳에서 토해 내는 간절한 부르짖음이 필요하다. 고난 당하는 자들은 기도해야 한다. 고난 당하는 자는 아무리 심한 어려움에 처해도 기도해야 한다. 또한 고난 당하는 자들은 기도할 수 있다. 고난 당하는 자에게 필요한 것은 근사한 언변이 아닌 간절한 부르짖음이 필요하다. 왜냐하면 고난 당하는 자들이 기도하면 응답을 받기 때문이다. 그래서 가장 필요한 것이 '내 기도'이다. '내 부르짖음'이다.

6) 그럼 무엇이라고 기도를 해야 하는가? 둘째, '주의 얼굴'을 내게 숨기지 말라고 해야 한다. '주의 귀'를 내게 기울이라고 해야 한다. 내가 부르짖는 날에 속히 응답해 달라고 해야 한다. 나의 괴로운 날, 나의 부르짖는 날에 여호와여 당신이 신속하게 응답해 달라는 것이다. 따라서 속죄소로 향하는 기도에는 다섯 단계가 있다고 한다. 첫째 단계는 들어주심이다. '내 기도를 들으시고'이다. 둘째 단계는 나아감이다. '나의 부르짖음이 주께 상달케 하소서'라고 한다. 주께로 가까이 나아가야 한다. 셋째 단계는 밝히 드러내심이다. '주의 얼굴을 내게 숨기지 마소서'라고 한다. 넷째 단계는 청종하심이다. '주의 귀를 기울이사'라고 한다. 다섯째 단계는 응답하심이다. '속히 응답하소서'라고 한다. 나의 괴로운 날에 드리는 기도는 매우 절실하며, 간절하다. 매우 다급하다. 그래서 주의 얼굴을 내게 숨기지 마시고, 시련 가운데서 주께서 함께해 주시기를 간구 드리는 것이다.

내 인생이 연기같이 사라지며 내 뼈가 숯불처럼 타고 있습니다.

For my days are consumed like smoke, and my bones are burned as an hearth.

시편 102:3

02

주의 분노와 진노

02 주의 분노와 진노

성경 : 시편 102 : 3 - 11

> **서론** 성경은 최고의 권위 있는 하나님의 말씀이며, 하나님의
> 계시이며, 하나님의 규범이다. 웨스터민스터대교리문답
> 제3문에 '하나님의 말씀은 무엇입니까?'라는 질문에 대
> 한 대답은 '구약과 신약성경이 곧 하나님의 말씀이며, 믿
> 음과 순종의 유일한 법칙입니다'라고 한다. 웨스터민스터
> 소교리문답 제2문에 '하나님께서 우리에게 무슨 법칙을
> 주셔서 그분을 영화롭게하고 즐거워하게 하셨습니까?'
> 라는 질문에 대한 대답은 '구약과 신약 성경에 기록된 하
> 나님의 말씀은 우리가 그분을 영화롭게 하고 즐거워하는
> 방법을 가르쳐 주는 유일한 법칙입니다'라고 한다. 이어
> 서 제3문에 '성경은 주로 무엇을 가르칩니까?'라는 질문
> 에 대한 대답은 '성경은 주로 사람이 하나님에 관하여 믿
> 어야 할 바와 하나님께서 사람에게 요구하시는 의무를
> 가르칩니다'라고 한다.

1) 기독교는 참으로 신비이다.

놀라운 비밀로 가득차 있다. 인간의 생각으로는 도저히 있을 수 없는
초월적 신비이다. 비밀이다. 3x9=27인데, 이것이 1이다. 세상의 수
학을 뛰어넘고 있다. 이 말씀은 구약성경 39권과 신약성경 27권이 1

권이라는 사실이다. 또한 929+260=1189인데, 이것이 1이다. 세상의 수학으로 절대로 해결하지 못한다. 구약성경 929장과 신약성경 260장이 1권이라는 사실이다. 성경의 통일성을 말씀하고 있다.

2) 성경의 통일성은 시작과 끝이 서로 같은 하나의 수미쌍관(inclusio)을 이루고 있다.

성경 전체의 처음 시작 부분이 구약성경의 창세기이다. 창세기 중에서 시작은 창세기 1-4장이다. '첫 창조와 타락'이다. 그리고 성경 전체의 마지막 부분이 신약성경의 요한계시록이다. 요한계시록 중에서 마지막은 요한계시록 19-22장이다. '심판과 새 창조'이다.

3) 그렇다면 성경 전체의 중심은 어디인가?

특별히 절의 중심은 시편 103편이다. 성경 전체 절의 중심에서 "내 영혼아 여호와를 송축하라"라고 말씀하고 있다. 그것도 수미쌍관(inclusio)를 이루면서 강조하고 있다(시 103:1, 22). 시편 103:1 "내 영혼아 여호와를 송축하라 내 속에 있는 것들아 다 그의 거룩한 이름을 송축하라"라고 한다. 그리고 시편 103:22에서 "여호와의 지으심을 받고 그가 다스리시는 모든 곳에 있는 너희여 여호와를 송축하라 내 영혼아 여호와를 송축하라"라고 한다.

4) 성경의 제일 첫 절은 창세기 1:1이다.

"태초에 하나님이 천지를 창조하시니라"이다. 창조로 시작하고 있다. 또한 중심 구절은 시편 103편이다. "여호와를 송축하라"라고 한다. 그리고 성경의 제일 마지막 절은 요한계시록 22:21이다. "주 예수의 은혜가 모든 자들에게 있을지어다 아멘"이다.

5) 이렇게 시편 103편을 중심으로 앞과 뒤를 보면, 앞에는 시편 102편이 시온의 회복을 말씀하고 있다.

    뒤에는 시편 104편이 처음 6일간의 창조를 말씀하고 있다. 그 중심의 시편 103편에서 여호와를 송축하라고 하면서 여호와의 인자하심을 말씀하고 있다. 그래서 스펄전은 시편 103편이 한 권의 성경이라 할 만큼 포괄적인 진리를 담고 있다고 했다. 또한 시편 103편은 절수가 22절로 히브리어 알파벳 수효와 같아서 알파벳 시편이라고 한다. 이것을 도표로 나타내면 다음과 같다.

시편 102편	시편 103편	시편 104편
시온의 회복 간청	여호와를 송축하라	천지의 창조 섭리

6) 시편 102편을 시작하면서 큰 근심과 슬픔과 그리고 두려움에 사로잡힌 '고난 당하는 자'의 기도라고 한다.

    그래서 '고난 당할 때', '나의 괴로운 날'이 '나의 부르짖는 날', '기도하는 날'이다. 따라서 '여호와여'라고 하면서 하나님의 지성소로 내 모습 이대로 나아가야 한다. 하나님의 임재가 있는 지성소로 들어가서 기도해야 한다.

7) 이때 '내 기도'가 필요하다.

'나의 부르짖음'이 필요하다. 내 자신이 하나님 앞에 마음속 깊은 곳
에서 토해 내는 간절한 부르짖음이 필요하다. 다른 사람의 중보 기
도가 아니라, 내 기도이다. 내 부르짖음이다. 내 간절함이다. 왜냐하
면 '주의 응답'이 필요하기 때문이다. 그래서 '주의 얼굴'을 내게로
비춰달라는 것이다. '주의 귀'를 내게로 기울여 달라는 것이다. '속
히 내게 응답'해 달라는 것이다. 간절한 기도 속에 반드시 응답이 있
다. 하나님은 살아서 역사하시는 분이시기 때문이다. 이렇게 시편
102:1-2에서 시인은 자신의 기도와 절규에 대하여 하나님께서 신
속하게 응답하여 주실 것을 호소하고 있다.

8) 그럼 도대체 무엇 때문에 시인은 고난을 당하고 있는가?

마음이 상하고 있는가? 큰 근심을 여호와 앞에 토로하지 않으면 안
되는 상황에 있는가? 물론 요한복음 9장에서 날 때부터 소경된 자
에 대해 예수님께서 이 사람이나 그 부모의 죄로 인한 것이 아니
라, 그에게서 하나님이 하시는 일을 나타내고자 하심이라고 했다
(요 9:3). 또 요한복음 11장에서 나사로에 대해 예수님께서 이 병이
죽을 병이 아니라, 하나님의 영광을 위함이라 하나님의 아들이 이
로 말미암아 영광을 받게 하려 함이라고 했다(요 11:4). 이것을 절대
로 부인하지 않는다. 하지만 또 다른 하나가 있다. 시편 102:10에서
'주의 분노와 진노로 말미암음이라…'라고 한다. 시인에게 닥친 고
난과 그의 근심과 괴로운 날은 한마디로 주의 진노로 인하여 당하

는 고통이라는 것이다.

1. 주의 진노가 가져온 영육의 고통이다(시 102:3-5).

1) 시편 102:3을 시작하면서 우리말 개역개정과 달리 원문은 '키'로 시작하고 있다. 이유를 나타내는 접속사로 '왜냐하면… 때문이다' 라는 말씀이다. 앞 문장과 뒷 문장을 연결하는 역할을 하고 있다. 시인이 '여호와여!'라고 기도와 절규를 하면서 속히 응답해 달라고 기도하는 이유가 무엇인지를 말씀하고 있다.

2) 첫째, 시인은 자신의 날이 연기같이 소멸되었다는 것이다. 여기 '내 날'은 단수가 아니라, 복수이다. '나의 날들'이다. 하루가 아닌 여러 날들을 의미한다. 시인이 견뎌왔던 여러 고통의 나날들을 의미하는 것으로 볼 수 있다. 또 시인의 인생 자체를 의미하는 고통의 나날들을 의미하는 것으로도 볼 수 있다. 그런데 그러한 나의 날들이 마치 연기처럼 소멸해 버리고 말았다는 것이다. 자신의 뼈가 숯같이 탔다고 한다.

3) 둘째, 시인은 자신의 마음이 풀같이 시들었다고 한다. 시편 102:4 은 원문과 달리 순서가 바뀌어 있다. "내 마음이 풀같이 시들고 말라 버렸사오며"라는 것이다. 낫으로 베인 풀이 뜨거운 태양 볕 아래서 하루도 되지 못하여 시들어 버리고 마는 것처럼 너무나 감당하기 어려운 혹독한 고난, 타들어가는 영육 간의 고통을 말씀하고

있다. 마치 시인은 구타를 당하여 만신창이가 된 사람처럼 자신이 마음과 심령에 큰 상처를 입어 스스로의 힘으로 회복 불가능의 상태가 되었다는 것을 생생하게 기록하고 있다. 그래서 내가 음식 먹기도 잊었다는 것이다.

4) 셋째, 시인은 자신의 살이 뼈에 붙었다고 한다. 시인은 심각한 질병과 더불어 심리적 곤고함으로 인하여 식욕도 잊고 날마다 신음하고 있었다. 그래서 시편 102:5에서 "나의 탄식 소리로 말미암아"라고 한다. 시인은 탄식 소리를 매우 자주 발하였다. 그 결과 자신의 살이 뼈에 붙어 버렸다는 것이다. 피골이 상접한 지경까지 되었다는 것이다. 여기 '나의 살이 뼈에 붙었다'는 말씀은 '내 뼈가 피부에 붙었다'는 의미이다. 나의 뼈가 나의 살에 달라 붙었다는 것이다. 이것 역시도 시인이 직면한 고통스러운 상황을 나타내고 있다. 피골이 상접한 것처럼 시인이 비참한 상황에 처해 있음을 그대로 나타내고 있다. 이렇게 시편 102:3-5은 시인 자신이 경험하고 있는 참을 수 없는 영육의 극한 고통을 호소하고 있다. 인생은 한 마디로 고통의 연속이다.

2. 주의 진노가 가져온 소외와 훼방의 고통이다(시 102:6-8).

1) 이렇게 주의 진노로 시인은 영육의 고통을 겪고 있다. 자신이 경험하고 있는 참을 수 없는 극한 고통을 호소하고 있다. 뿐만 아니라,

이제는 소외와 훼방의 고통을 겪고 있다. 시인은 자신의 모습을 세 종류의 새에 비유하고 있다.

2) 첫째는 광야의 올빼미 같다고 한다. 개역성경은 당아새라고 한다. 구체적으로 어떤 새인지 확인할 길이 없다. 광야는 생존이 거의 불가능한 곳이다. 생존이 불가능한 환경에 버려진 새를 가리키는 것이다. 서식지를 잃어버리고 광야에 거하는 올빼미와 같다고 한다. 이러한 광야의 올빼미의 모습은 시인이 조국을 잃어버리고, 생명을 위협받는 이방 바벨론에서 포로로 살아가야만 하는 처지와 같다. 이처럼 비참하고 고통스런 상황에 처한 자신과 동족들의 현실을 보다 분명하게 하기 위해서 광야의 올빼미라고 하는 것 같다.

3) 둘째는 황폐한 곳의 부엉이 같다고 한다. 부엉이는 본래 군거 생활을 하지 않는 날짐승으로, 그 자체만으로도 무리를 떠나 홀로 거하는 외로운 이미지를 전달해 주고 있다. 더구나 부엉이는 야행성 조류이다. 이렇듯 부엉이라는 새는 외롭고 고독한 이미지뿐만 아니라, 밤의 이미지, 적막하고 어두운 배경까지 나타낸다. 특히 이 부엉이는 지금 황폐한 곳에 있다. 아무도 돌보지 않는 버려진 땅이다. 이처럼 버려진 땅에 홀로 있는 부엉이는 그 자체로 시인과 그 동족의 외로운 모습을 보여준다고 할 수 있다. 혹은 멀리 떨어진 이방 땅 바벨론에서 황폐해진 예루살렘을 결코 잊지 못하는 시인의 안타까운 심정을 상징한다고 할 수 있다.

4) 셋째는 외로운 참새 같다고 한다. 시인은 시편 102:6에서 올빼미와 부엉이 같은 몸집이 큰 조류를 들어 자신의 비참한 처지를 상징적으로 표현하고 있다. 그러나 시편 102:7에서는 다시금 새에 빗대어 자신의 가련한 처지를 표현하고 있다. 외로운 참새와 같다고 한다. 가장 작은 조류의 모습에 시인 자신을 빗대어 표현하고 있다. 참새는 군거 생활을 하며 떼를 지어 재잘거리는 매우 활기차고 부산스러운 새이다. 하지만 혼자가 되면 풀이 죽어 무척 수척해지는 새이다. 어쩌다가 무리에서 떨어져 나와 원치 않게 혼자 있게 되면 고독한 습성을 나타내는 새이다. 고독과 불면의 이미지를 가진 지붕 위의 외로운 참새 같다고 한다. 참새가 해질녘에 지붕 위에 외로이 혼자 떨어져 밤을 지새는 모습과 시인의 모습이 비슷하다.

5) 이렇게 시인은 심각한 육체적 질병으로 인해 보기에도 처참할 지경에 이르기까지 혹독한 시련에 처해 있었다. 이제 시편 102:6-7에서 설상가상으로 외로움과 소외를 호소하고 있다. 그러나 시편 102:8에서는 극심한 소외의 고통을 비유가 아니라 직접적으로 표현하고 있다. 시편 102:7에서는 밤새도록 고통 받는 모습을 표현했다. 그런데 낮에도 종일토록 고통을 당하고 있다. '종일'을 강조하고 있다. 그것은 바로 '내 원수들'에게이다. '나에 대하여 미칠 듯이 날뛰는 자들'에게이다. '나를 훼방하고 있다.' '훼방'은 다른 사람을 경멸하고 조롱의 대상으로 삼는 것을 말한다.

6) 시인은 자신을 대적하는 자들에게 들었던 비방의 말과 포로로 끌려온 자신의 동족들에게 가하는 이방인들의 온갖 굴욕적인 언사

와 행동, 모욕 등을 동일시하여 말하고 있다. 원수들로부터 온갖 모욕을 다 당하고 있다. 그것뿐만 아니라, 시인을 저주받은 사람처럼 취급하고 있다. 원수들이 그의 이름을 들어 저주의 맹세를 하고 있다.

3. 주의 진노가 가져온 낙심과 절망의 고통이다(시 102:9-11).

1) 이렇게 시편 102:3-5에서 주의 진노가 가져온 참을 수 없는 영육의 고통을 호소하고 있다. 그리고 시편 102:6-8에서 주의 진노로 말미암은 소외와 훼방하는 원수들이 저주까지 서슴지 않음을 하소연하고 있다. 이제 시편 102:9-11에서 이러한 주의 진노가 가져온 낙심과 절망감을 토로하고 있다.

2) 시편 102:9을 시작하면서 우리말 개역개정에는 없지만, 원문에는 접속사 '키'가 있어서 '왜냐하면… 때문이다'라고 한다. 또한 부사로도 볼 수 있다. '진실로, 참으로'라고 번역할 수 있다. "나는 재를 양식같이 먹으며 나는 눈물 섞인 물을 마셨나이다"라고 한다. 여기 '재'는 극도의 고통 가운데 있는 사람들이 극심한 비참함과 참담함을 표현하기 위해서 재를 머리에 뿌리고 그 가운데 앉아서 통곡하는 것을 나타내는 것이다(삼상 13:19, 에 4:1,3, 욥 2:8). 따라서 시인은 재에 앉아 지내는 애통의 기간 동안 날마다 재를 무릅쓰고 눈물 흘리는 고통스런 나날을 보내고 있었다.

3) 이렇게 시편 102:3-9까지의 모든 상황의 원인이 바로 주의 분노와 진노때문이라는 것이다. 시편 102:10 "주의 분노와 진노로 말미암음이라 주께서 나를 들어서 던지셨나이다"라고 한다. 지금까지 말씀하는 모든 고통과 소외와 훼방의 모든 원인이 결국 주의 분노 때문이라는 것이다. 자신의 모든 곤고함의 원인을 주의 분노에서 찾고 있다.

4) 이러한 표현은 자신이 처한 문제의 원인을 하나님과의 관계에서 찾을 수 있는 사람이 하나님 앞에 나아가 회개하고 구원을 간구함으로 문제를 해결할 수 있는 실마리를 찾게 된다는 것을 암시하고 있다. 그래서 시인은 주께서 자기를 들어서 던지셨다고 한다. 주께서 극심한 불쾌감과 분노를 주체하지 못하시고 결국 시인을 내치셨다는 것이다. 마치 쓸데없는 물건을 들어 멀리 내팽개쳐버리는 모습이다. 주께서 이스라엘 자손들을 심판하시고, 그들을 이방 땅 바벨론에 내던지신 모습과 비슷하다.

5) 그래서 시편 102:11에서 주의 분노로 말미암아 심각한 절망감, 내던져진 비참함뿐만 아니라, 이제는 그것을 뛰어넘어 기울어지는 그림자 같다고 한다. 기울어지는 그림자는 결국 완전히 자취를 감추어 버리는 것이다. 그림자조차 곧 사라져 버리는 위기 속에 있다. 그림자가 사라진 뒤에는 적막한 어둠이 찾아오게 되는 것이다. 임박한 죽음을 앞에 두고 남은 소망이 거의 없으며, 사그라지는 그림자를 사람이 다시 만들기 위해 어찌 해볼 도리가 없는 것처럼 꺼져가는 생명의 불씨를 어찌해 보지 못하는 무력감이 강하게 나타

나고 있다. 이제 다 끝난 인생이라는 것이다. 인간의 힘으로는 더이상 어찌할 수 없는 낙심과 좌절과 고통을 말하고 있다.

> **결론** 성경은 다양성뿐만 아니라, 하나의 통일성을 가지고 있다. 하나님이 창조하신 아담과 하와가 타락함으로 온 세상이 엉망진창이 되었다. 이 엉망진창이 된 세상을 예수 그리스도가 이 땅에 초림으로 오셔서 새로운 세상을 성취하시고, 이제 다시 재림하셔서 이 세상을 심판하시고, 새로운 세상으로 완성하시는 것이다. 그 새로운 세상이 바로 새 하늘과 새 땅이다. 새 예루살렘이다. 큰 성 바벨론은 멸망되고, 새 예루살렘이 완성되는 것이다.

1) 따라서 진정한 기독교인은 이러한 새 예루살렘, 시온을 향하여 살아가는 것이다. 이미 예수 그리스도를 통해서 이루어진 하나님 나라이지만, 아직 완성된 하나님의 나라가 아니기 때문에 그 완성된 하나님의 나라를 향하여 살아가는 것이다. 그러므로 우리의 인생은 아직 미완성의 존재이다.

2) 이러한 우리의 인생은 반드시 고난이 있다. 마음이 상하여 아픔을 겪게 되어 있다. 괴로운 날이 찾아온다. 영육으로 당하는 고통이다. 뿐만 아니라, 외로움과 소외로 인한 고통이다.

3) 그런데 이러한 모든 원인이 무엇 때문이라고 하는가? 한마디로 '주의 분노와 진노' 때문이라는 것이다. 주께서 나를 들어서 던지셨기 때문이라는 것이다. 그래서 내 날이 기울어지는 그림자같이

되었고, 풀이 시들어짐 같은 인생이 되었다는 것이다. 그 모든 원인을 다른 곳에서 찾는 것이 아니라, '주의 분노와 진노'에서 찾고 있다. 모든 원인을 찾았다는 것은 곧 해결의 실마리를 찾았다는 것이다.

4) 영육의 고통, 소외의 고통, 절망의 고통, 이 모든 것의 원인을 알면 치유의 길이 있다. 시편 102:1-11에서는 '여호와여'라고 하면서 모두 1인칭 단수로 시인 자신을 말하고 있다. 그리고 2인칭 단수로 너, 당신 즉 우리말 개역 개정에서는 '주'라고 표현하고 있다. 나와 당신 사이의 깨어진 관계 때문이라는 것이다.

5) 그래서 당신이 분노하고, 진노하여 고난 당하고, 마음이 상하여 아픔을 겪고 있다는 것이다. 내 뼈가 숯같이 타는 고통을 당하고, 광야의 올빼미와 황폐한 곳의 부엉이와 외로운 참새와 같이 정신적으로 외로움과 소외라는 고통 속에 살고 있다는 것이다. 원수들이 비방하고 눈물 섞인 물을 마시면서 살고 있다는 것이다. 그렇다. 모든 원인을 다른 곳에서 찾지 말고 나와 하나님과의 관계에서 찾아야 한다. 수직적 관계를 바로 해야 한다. 이것만 똑바로 세우면, 나머지는 저절로 해결이 된다. 이제 우리는 다시 시작해야 한다. 다시 하나님 백성의 자리, 성도의 자리로 돌아가야 한다.

그러나 여호와여, 주는 영원히 계시는 왕이시므로 모든 세대가 주의 이름을 기억
할 것입니다.
But thou, O Lord, shall endure for ever; and thy remembrance unto all
generations.
시편 102:12

03

그러나 여호와여 (I)

03 그러나 여호와여 (I)

성경 : 시편 102 : 12 – 17

> **서론** 시편 102편은 성경 전체의 마지막 부분인 요한계시록 마지막 부분의 시온의 회복, 에덴의 회복을 먼저 말씀하고 있다. 그리고 시편 104편은 성경 전체의 처음 부분인 창세기 처음 부분의 창조 사역, 창조의 시작을 말씀하고 있다. 따라서 성경 전체의 순서로 말하면 시편 104편이 먼저 기록되고, 시편 102편이 나중에 기록되어야 한다. 그런데 그렇게 기록하지 않고, 역순서로 기록하고 있다.

1) 오히려 엉망진창인 세상에서 살아가는 것이 한 마디로 고난이라는 것이다.

그 고난을 당하면서 시온의 회복을 바라면서 살아야 한다는 것이다. 그래서 시편 102편을 먼저 기록하고 있다.

2) 이러한 시편 102편은 시편 101편의 다윗의 시와 시편 103편 다윗의 시의 중간에 샌드위치 형태로 되어 있다.

그것도 시편 102편은 우리말 개역개정에는 표제가 있지만, 원문에는 표제가 없다. 곧바로 우리말 개역개정의 표제가 1절이다. 그래서 29절로 되어 있다. 따라서 시편 102편은 시편 101편과 시편 103편을 서로 연결해주는 다리 역할을 하고 있다.

3) 시편 101편은 이상적인 '인간-왕'의 모델로 다윗을 말씀하고 있지만, 결국 '인간-왕'의 실패를 말씀하고 있다.

여호와의 기름 부름을 받은 '인간-왕'들이 제대로 수행하지 못한 결과 이스라엘 백성들이 바벨론의 포로로 끌려가게 되었다는 것이다. 그래서 시편 102편에 기록한 것처럼 바벨론에 포로로 끌려가서 고난 당하면서 탄식할 수밖에 없었다. 여호와 앞에 절망감을 토로하면서 기도하고 있다. 그것도 시온의 회복을 간청하고 있다.

4) 그러면서 시편 103편에서 다시 모세의 시대로 인도하면서(시 103:7), 여호와를 송축하라고 한다.

여호와의 용서하심은 그의 인자하심에 달려 있는데, 그 여호와의 인자하심은 크고 영원하다는 것이다. 이러한 여호와의 인자하심은 율법을 지키고 행하는 경건한 자에게 임한다는 것을 말씀하고 있다. 그리고 시편 104편에서 그 하나님 여호와가 어떠한 분이신가를 말씀하고 있다. 한마디로 창조자, 주권자라는 사실을 말씀하고 있다.

5) 이러한 흐름 속에서 제일 먼저 시편 102:1-2에서 무엇을 말씀하고 있는가?

개인적으로 질병 속에 있고, 민족적으로 바벨론의 포로로 지금 고난을 당하고 있다. 마음이 상하여 있다. 마음의 근심과 괴로운 날을 지내고 있다. 이렇게 고난 당하는 자가 할 수 있는 일이 무엇인가? 그것은 바로 기도이다. 그래서 고난 당하는 자가 '여호와여!'라고 하면서 '내 기도'를 드리고 있다. '내 부르짖음'을 주께 나아가서 드리고 있다. '여호와여!'라고 하면서 내 괴로운 날에 내가 부르짖는 날에 주의 얼굴을 비추어 주시고, 주의 귀를 기울여 주셔서 내게 속히 응답해 달라고 기도하고 있다. 간절한 기도 속에 반드시 응답이 있다. 이렇게 시편 102:1-2에서 시인은 자신의 기도와 절규에 대하여 하나님께서 신속하게 응답하여 주실 것을 호소하고 있다.

6) 이어서 시편 102:3-11에서 무엇을 말씀하고 있는가?

시인은 도대체 무엇 때문에 고난을 당하고 있는가? 그것은 시편 102:10에서 '주의 분노와 진노로 말미암음이라…'라고 한다. 시인에게 닥친 고난과 그의 근심과 괴로운 날은 한마디로 주의 진노로 인하여 당하는 고통이라는 것이다. 그래서 시인은 첫째, 영육이 함께 고통을 당하고 있다고 한다. 영적으로, 정신적으로, 육체적으로 고통 당하고 있다. 또한 시인은 둘째, 소외의 고통을 당하고 있다고 한다. 외로움과 소외와 훼방의 고통을 당하고 있다. 그리고 시인은 셋째, 절망의 고통을 당하고 있다고 한다. 좌절과 절망의 고통을 당하고 있다. 이러한 고통은 하나님의 분노와 진노를 샀기 때문이다. 회개하면서 하나님 앞에 나아가 '여호와여 내 기도, 내 부르짖음을 들어주시고, 속히 내게 응답해 달라'고 했다. 내가 다시 시작하겠다. 새롭게 출발하겠다는 것이다. 그래서 시편 102:12을 시작하면서

'그러나 여호와여'라고 한다. 대 반전이 이루어지고 있다. 절망에서 희망을 노래하고 있다.

1. 시온을 긍휼히 여기소서

1) 시편 102:12을 시작하면서 우리말 개역개정과 달리, '그러나 당신은…' '웨앗타'로 시작하고 있다. 이 말씀은 시편 102:11의 후반부 '…그러나 나는…'으로 직역되는 '와아니'(וַאֲנִי)와 대조를 이루고 있다. 따라서 시편 102:11-12을 서로 연결해서 보면, '나는 소망이 없고 생명력을 상실해 가고 있지만, 당신은 전혀 반대인 분입니다' 라는 의미이다.

2) 그런데 시편 102:12에서 '그러나 당신은 여호와여…'라고 하고 있기 때문에 당신이라는 '웨앗타'라는 말씀을 굳이 사용하지 않아도 된다. '여호와여'라는 신명을 주어로 사용하기 때문이다. 그럼에도 불구하고 시인이 '웨앗타'를 사용하는 것은 자신과 여호와 당신과의 현격한 차이를 대조하고자 하는 의도에서이다. 시편 102:11에서 자신은 풀의 시들어짐 같다고 했다. 그러나 시편 102:12에서는 여호와가 영원히 계시다고 했다. 유한성과 영원성, 소멸과 영존의 확연한 대조가 드러나고 있다. 시인은 여호와의 영원성을 노래함으로써 자신의 꺼져가던 희망의 불씨가 다시 살아날 것을 암시하고 있다.

3) 그리고 '주에 대한 기억은 대대에 이르리이다'라고 한다. 여기 '기억'은 출애굽기 3:15에서 '대대로 기억할 나의 칭호'와 같은 말씀이다. 그리고 시편 135:13에서 '기념함이 대대에 이르다'라는 말씀과 같은 말씀이다. 우리말 개역개정에서 한번은 기억으로, 한번은 기념으로 번역하고 있다. 이 모든 것이 이름으로 다 대용이 가능하다. 따라서 여호와의 이름이 모든 시대에 기억된다는 말씀이다.

4) 이어서 시편 102:13에서 '주께서 일어나 긍휼히 여기신다'라고 하면서 둘 다 미완료 시제를 사용하고 있다. 미래의 사실을 나타내면서, 장차 이루어질 일을 나타내고 있다. 여기에 나오는 시온은 다윗이 여부스 사람들로부터 빼앗은 예루살렘을 나타내는 또 다른 명칭이다(삼하 5:6-7). 또 시온이라는 성이 대표하는 유다 전체를 의미하기도 한다. 그리고 시온이 예루살렘이나 유다 전체를 의미할 수도 있지만, 시인 자신을 가리키는 것으로도 볼 수 있다. 왜냐하면 시온의 회복을 기대하며 하나님을 찬양하는 그 이면에는 시인 자신의 회복에 대한 확신과 염원이 함께 있기 때문이다. 그래서 주께서 일어나사 시온을 긍휼히 여겨달라고 한다. 여호와께서 폐허된 시온을 회복시켜 주시기를 간절히 바라고 있다. 주께서 일어나, '쿰'해 달라는 것이다.

5) 그러면서 그 이유를 두 가지로 말씀하고 있다. 첫 번째, "지금은 그에게 은혜를 베푸실 때라" 두 번째, "정한 기한이 다가옴이니이다" 여호와께서 시온에게 은혜를 베푸실 때가 되었기 때문이라는 것이다. 그 때가 거의 목전에 와있다고 여기고 시온의 회복을 위해서

간구하고 있다.

6) 그리고 시편 102:14에서 우리말 개역개정에는 번역이 되지 않았지만, 원문에는 접속사 '키'(כִּי)가 있다. 왜냐하면 주의 종들이 즐거워하기 때문이다. 무엇을 즐거워하는가? 시온의 돌들을 즐거워한다는 것이다. 그 땅의 돌들을 갈망하고 있다. 즉 고향에 대한 그리움을 드러내고 있다. 시온의 티끌도 은혜를 받는다고 한다.

7) 과거 수백 년 동안 유다 땅에 살고 있을 때 밟고 다니던 땅의 티끌, 땅의 먼지에 대해서 별로 대수롭지 않게 생각했다. 그러나 이제 수십 년 동안 이방 땅에서 참담한 생활을 한 후에는 그 옛날 그 땅에서 살았던 그 티끌을 밟고 다니던 것이 얼마나 큰 축복이었는지를 깨닫게 되었다는 것이다. 따라서 시인은 그 땅, 시온, 고향 예루살렘을 그리워하면서 그 땅에 있는 먼지까지도 큰 애정을 품고 즐거워하고, 연휼히 여기고 있다. 이것은 얼마나 시온, 즉 예루살렘의 회복을 간절히 원하고 있는지를 나타내고 있다.

2. 시온을 건설하시고

1) 이렇게 시편 102:12-14에서 시인은 시온의 회복을 원하고 있다. 이제 시편 102:15이하에서는 시온의 회복 후의 상황을 예상하면서 말씀하고 있다. 시온이 회복된 후에 여호와에 대한 세상의 인식이 어떻게 바뀔 것인지를 보여주고 있다.

2) 시편 102:15에서 시온이 회복이 될 때, 뭇 나라, 즉 열방이 여호와의 이름을 경외하게 될 것이라는 것이다. 경외하게 될 것이라는 말은 미래적 사실을 나타내고 있다. 뭇 나라들은 여호와를 능하신 신, 자기 민족을 이방 민족의 압제 가운데 건지사 고난 가운데서 구원하심으로 이스라엘뿐만 아니라, 주변 열국의 역사에까지 강력한 영향력을 미치는 신으로 인식하고 두려워하게 될 것이라는 사실을 말씀하고 있다. 뿐만 아니라, 이 땅의 모든 왕들, 즉 세계 열왕이 주의 영광을 경외하게 될 것이라는 것이다. 이는 세계 열왕들에게까지 깊은 영향을 미치고 여호와 하나님께 영광을 돌리는 결과를 가져오게 된다는 것이다.

3) 이어서 시편 102:16에서 여호와께서 시온을 건설하실 것이다. 그리고 그분의 영광 가운데 나타나실 것이다. 시인은 여호와 하나님이 시온을 반드시 회복시키시며, 그 영광을 만방에 드러내실 것을 확신하고 있다.

4) 그렇다면 여호와께서 그렇게 하시는 이유가 무엇인가? 지난날에는 시편 102:2에서 여호와께서 그 얼굴을 숨기셨다. 그리고 시편 102:10에서 시인을 사정없이 던지셨다. 그래서 여호와 하나님 앞에서 고통 중에 탄식했다. 시인과 그 민족을 버리시고 그들을 향해 등을 돌리셨으며, 혹독한 재난 가운데 내던지셨다고 호소했다. 그러나 여호와 하나님은 진노 중에라도 가난하고 곤고한 자의 간절한 기도를 멸시치 않으시고, 귀를 기울여 주신다는 것이다. 그래서 이제 시편 102:17에서 '여호와께서 돌아보시며'라고 한다. 방향을

바꾸어서 돌아보는 것을 의미한다(삿 20:40). 지난날 그들을 향해 등을 돌리셨던 여호와 하나님께서 돌아보시며 그 기도에 귀를 기울이시면서, 새롭게 구원의 역사를 펼치신다는 것이다.

5) 이렇게 '여호와께서 돌아보시며'라고 긍정문을 사용했다. 그리고 또한 '멸시치 아니하셨도다'라고 부정문을 사용하고 있다. 앞에서 빈궁한 자의 기도에 응답하시는 여호와 하나님의 자비로운 면모를 부각시켰다면, 이제는 여호와 하나님께서 그들의 기도를 절대로 경홀히 여기거나 업신여기지 않으신다는 것이다. 이렇게 긍정과 부정을 함께 사용하여 다시 반복하는 것은 확실함을 강조하기 위해서이다. 기도에 응답하실 것이며 결코 멸시치 아니하실 것이다. 이런 가련하고 빈궁한 자의 기도를 들으시고 시온을 건설하신다는 것이다.

결론 도대체 무엇 때문에 시인은 고난을 당하고 있는가? 마음이 상하고 있는가? 큰 근심을 여호와 앞에 토로하지 않으면 안 되는 상황에 있는가? 괴로운 날에 주의 얼굴을 숨기지 마시고 부르짖는 날에 속히 응답해 달라고 하는가? 한 마디로 시편 102:10에서 '주의 분노와 진노로 말미암음이라…'라고 한다. 시인에게 닥친 고난과 그의 근심과 괴로운 날은 한 마디로 주의 진노로 인하여 당하는 고통이라는 것이다.

1) 하나님의 심판에는 크게 두 가지의 심판이 있다. 하나는 출애굽기

심판이 있다. 이 심판은 애굽 백성들을 심판하시는 것이다. 이스라엘 백성들을 구원하기 위해서 이방, 열방, 애굽 백성들을 심판하는 것이다. 또 다른 하나는 사사기 심판이 있다. 이 심판은 이스라엘 백성들을 심판하시는 것이다. 이스라엘 백성들이 우상숭배하고, 범죄했기 때문에 열방을 들어서 회개케 하기 위해서 심판하시는 것이다.

2) 이제 시편 기자는 '여호와여'라고 하면서 영육의 고통, 소외의 고통, 절망의 고통 속에서 탄식의 기도를 하고 있다. 이제 그 기도에 귀를 기울이시고, 들으시고 응답하고 있다. 이러한 문맥 속에서 시편 102:12은 '그러나 당신은, 여호와여!⋯'라고 하면서 시편 102:1-11과 대 반전, 역전을 말씀하고 있다.

3) 시편 102:1-11은 시편 102:1에서 '여호와여⋯'라고 하면서 나머지는 대부분 1인칭이 중심을 이루면서 기록했다. 물론 중간 중간에 2인칭이 일부 기록되어 있다. '주께 상달하게 하소서' '주의 얼굴을 내게서 숨기지 마소서' '주의 귀를 내게 기울이사' '주의 분노와 진노로 말미암음이라'고 한다. 이렇게 4번 기록되어 있다. 그런데 반해 1인칭은 무려 약 23-24번 정도 기록되어 있다. 7배나 많이 기록되어 있다. 철저히 자기중심으로 영육의 고통과 소외와 외로움, 훼방의 고통, 좌절과 절망의 고통을 탄식하고 있다.

4) 그런데 시편 102:12에서부터는 달라지고 있다. 놀라운 변화와 반전이 일어나고 있다. 이제 '그러나 당신은, 여호와여!'라고 하면서 '여호와'라는 말씀과 2인칭이 중심을 이루면서 기록하고 있다. 시

편 102:12-22에서만 '여호와'라는 말씀이 8번 기록되어 있고, 2인칭 단수인 당신, 주라는 말씀(5번)과, 3인칭 단수와 복수(5번)가 함께 기록되면서 약 10번이 '나' 중심에서 '당신 즉 주님' 중심으로 기록되고 있다. 여호와를 찾는 길이 사는 길이다. 여호와께서 회복시켜 주셔야 회복될 수 있기 때문이다.

5) 그것도 시편 102:1-11과 시편 102:12-22은 철저하게 서로 대조를 이루고 있다. 시인 자신과 여호와, 당신과의 대조가 이루어지고 있다. 주의 분노와 진노로 말미암아 주께서 나를 들어서 던져 버리셨기 때문에, 내 날이 기울어지는 그림자 같고, 내가 풀의 시들어짐 같은 고난을 당하고 있다는 것이다. 영육의 고통과 소외와 훼방은 아픔, 근심 속에서 괴로운 날을 보내고 있다는 것이다.

6) 하지만 주는 영원히 계시다는 것이다. 주에 대한 기억은 대대에 이른다는 것이다. 지금은 은혜를 베풀어 주실 때라는 것이다. 정한 기한이 다가온다는 것이다. 그래서 여호와께서 시온을 긍휼히 여겨 달라는 것이다. 시온의 티끌도 은혜를 받는다는 것이다. 그리고 여호와께서 시온을 건설하시고 영광 중에 나타나셨다는 것이다. 그들의 기도를 멸시하지 않았다는 것이다.

7) 따라서 열방이 여호와의 이름을 경외하며, 열왕이 주의 영광을 경외하고, 더 나아가서 새롭게 창조함을 받은 자들이 여호와를 찬양한다는 것이다(시 102:18). 그리고 열방이 함께 모여 여호와를 섬기게 된다는 것이다(시 102:22). 철저한 좌절과 절망과 고난에서 이제 시온을 회복시키실 여호와를 바라보면서 새로운 희망을 노

래하고 있다. 새로운 희망을 노래할 뿐만 아니라, 결단하고 있다. 시온을 긍휼히 여기시고, 시온을 건설하시어 주의 영광을 나타내시면, 다시금 옛적과 같이 여호와 하나님을 경외하고, 찬양하겠다는 것이다. 그것도 주의 종들만 아니라, 열방과 열왕이, 더 나아가서 새롭게 창조된 백성들이 그렇게 한다는 것이다. 이러한 대 반전, 대역전의 놀라운 은혜를 베풀어 달라고 기도하고 있다.

이 일이 앞으로 올 세대를 위해 기록될 것이니 아직 태어나지 않은 백성이 그를
찬양하리라.
This shall be written for the generation to come: and the people which shall be
created shall praise the Lord.
시편 102:18

04

그러나 여호와께서 (II)

04 그러나 여호와께서 (II)

성경 : 시편 102 : 18 - 22

> **서론** 시편 102편은 하루의 일기에 비유될 수 있다. 비바람으로 시작하여 정오에는 햇볕으로 인해 따뜻해지며 이따금 소나기가 내리다가 마침내 찬란한 일몰로 마감되고 있다. 그래서 시편 102편은 큰 근심과 슬픔과 그리고 두려움에 사로잡힌 '고난 당하는 자'의 기도이다. 그래서 '고난 당할 때', '나의 괴로운 날'이 '나의 부르짖는 날', '기도하는 날'이다.

1) 시편 102:1-2에서 '여호와여'라고 하면서 하나님의 지성소로 내 모습 이대로 나아가야 한다는 것이다.

하나님의 임재가 있는 지성소로 들어가서 기도해야 한다. 이때 '내 기도'가 필요하다. '나의 부르짖음'이 필요하다. 내 자신이 하나님 앞에 마음속 깊은 곳에서 토해 내는 간절한 부르짖음이 필요하다. 다른 사람의 중보 기도가 아니라, 내 기도이다. 내 부르짖음이다. 내 간절함이다. 왜냐하면 '주의 응답'이 필요하기 때문이다. 그래서 '주의 얼굴'을 내게로 비춰달라는 것이다. '주의 귀'를 내게로 기울여 달라는 것이다. '속히 내게 응답'해 달라는 것이다. 간절한 기도 속에 반드시 응답이 있다.

2) 시편 102:3-11에서 도대체 무엇 때문에 시인은 고난을 당하고 있는가?

그것은 시편 102:10에서 '주의 분노와 진노로 말미암음이라'라고 한다. 시인에게 고난과 그의 근심과 괴로운 날은 한 마디로 주의 진노로 인하여 당하는 고통이라는 것이다. 분노와 진노라는 유사한 의미를 지닌 두 단어를 반복함으로써 시인은 하나님의 분노와 진노에 의해서 고난 당하고 있음을 강조하고 있다. 시인은 자신의 괴로움의 원인을 다른 곳에서 찾는 것이 아니라, 그 모든 원인을 주의 분노와 진노에서 찾고 있다. 그의 성숙한 신앙의 모습, 깊이 있는 신앙적 성찰을 엿볼 수 있다. 그래서 시인은 그에게 닥친 극한 고통 즉 영육의 고통, 소외의 고통, 절망의 고통을 호소하고 있다.

3) 시편 102:12-17에서 이러한 고통의 소리를 들으시고, '그러나 여호와께서' 일어나서 시온을 긍휼히 여겨 달라는 것이다.

은혜를 베풀어 달라는 것이다. 뿐만 아니라, 여호와께서 시온을 건설하시고 영광 중에 나타나신다는 것이다. 정한 기간이 다가오기 때문이라는 것이다. 그러면서 102:17은 앞 부분과 뒷 부분을 연결해 주는 다리 역할을 하고 있다. 이제 여호와께서 빈궁한 자의 기도를 들으셨다는 것이다. 대 반전, 대 역전의 역사가 이루어졌다는 것이다. 절망이 희망으로 바뀌어졌다는 것이다.

4) 시편 102:18-22에서 여호와께서 시온을 긍휼히 여기시고, 회복

의 은혜를 베풀어 주신다는 것이다.

또한 시온을 건설하시고, 영광 중에 나타나신다는 것이다. 이렇게 '여호와께서' 굽어 보시고, 그 이름을 선포하게 하심으로 말미암아 회복의 은총을 누리게 되었다는 것이다. 절망에서 희망으로 다시 옛적 같이 은혜를 누리게 되었다는 것이다. 그러면서 '그러나 여호와께서' 하신 역사를 계속해서 선포하고 있다.

1. 여호와께서 굽어 보시며

1) 시편 102:18의 '이 일'은 앞서 말씀하신 시온을 중심으로 실현될 여호와의 구원을 가리킨다고 할 수 있다. 이 일이 인간에 의해서 이루어질 것이지만 실상은 하나님에 의하여 기록되어지므로 '기록되리니'라고 한다. 그것도 의도적으로 행위의 주체를 밝히지 않는 신적 수동형으로 말씀하고 있다.

2) 그것은 누구를 위해서 기록하는 것인가? 바로 '장래의 세대'를 위해서이다. 미래의 세대를 위해 기록될 것이라는 것이다. 이것을 통해서 시인은 하나님께서 성령의 영감을 받은 자들로 하여금 하나님의 위대하신 구원 사역을 기록하게 하심으로 이를 직접 경험하지 못한 세대들에게 교훈하시기를 원하신다는 사실이다. 이렇게 하나님의 위대하신 구원 사역이 장래 세대들을 위하여 기록될 것임을 밝히고 있다. 아직 태어나지 않는 사람들, 곧 새로운 세대가

그 기록을 읽고 여호와를 찬양할 것이라는 것이다.

3) 그것도 창조함을 받을 백성들에 의해서 여호와가 찬양을 받으실 것을 밝히고 있다. 여기 '창조함을 받을'이라는 말씀은 바벨론 포로에서 회복될, 곧 새로운 창조를 가리키고 있다. 여호와께서 전에 없었던 새로운 백성을 창조해 내는 것이 아니라, 새로운 피조물과 같은 대 변신을 경험하게 하는 것을 말씀하고 있다. 포로에서 귀환하여 약속의 땅으로 돌아와서 무너진 성전을 재건하고 하나님의 백성으로 새로운 면모를 갖추고 회복이 되어, 이제 여호와를 찬송하게 된다는 것이다.

4) 시편 102:19에서는 한 마디로 여호와께서 그 언약 백성을 확고히 보호하고 계심을 말씀하고 있다. 여기 '그의 높은 성소'란 이 땅의 성소가 아니다. 이 땅의 성소는 사실상 하늘에 있는 것의 모형과 그림자일 뿐이다(히 8:5). 그리고 하늘 성소는 여호와의 거처이며, 인간이 결코 도달할 수 없는 곳이다. 그러나 닿을 수조차 없이 높은 곳에 계신 하나님께서 지극히 낮은 땅에 거하는 백성들을 결코 외면하지 않으신다는 것이다. 그래서 '굽어' 보시는 것이다. 하감하시는 것이다. 하나님께서 친히 택한 백성을 지극히 사랑한다는 것이다. 뿐만 아니라, 하늘에서 땅을 살펴보신다는 것이다. 하늘과 대조되는 개념으로 땅을 살펴보시는 것이다. 하나님이 온 세상, 온 인류를 감찰하시는 것이다. '여호와'를 중심으로 교차 대구 구조로 되어 있다.

  - A 굽어보시며

- B 그의 높은 성소에서
- C 여호와께서
- B' 하늘에서 땅으로
- A' 살펴보셨으며

5) 시편 102:18-19을 중심으로 시편 102:17과 시편 102:20이 서로 기도를 들으시고, 응답하셔서 해방시키신다는 것이다. 마치 출애굽 할 때 여호와께서 억압 받는 자기 백성들의 신음을 들으시고 그들을 구원하시기 위해 역사하셨던 출애굽기 2장을 연상시키고 있다. 또한 이사야 61장과 같이 메시아가 죽음이 확정된 자들을 해방시킨다는 말씀과 연결되고 있다.

2. 여호와의 이름을 선포하게

1) 여호와께서 높은 하늘에서 낮은 땅을 하감하시는 궁극적인 목적이 무엇인가? 우리말 개역개정에는 잘 나타나지 않지만, 원문에는 부정사 연계형 '레'가 102:19과 20에 세 번 나타나고 있다.

2) 첫 번째 목적은 갇힌 자의 탄식을 들으시기 위함이다. 여기 갇힌 자는 일차적으로 감옥에 갇힌 자를 의미한다. 바로 바벨론 땅에서 포로 생활을 하는 유다 백성의 현실적 처지를 말씀하고 있다. 그러나 더 나아가서 시인 자신의 처지와 같이 스스로의 힘으로는 빠져나올 수 없는, 죽음과 같은 절망에 빠진 모든 사람을 가리킨다고도

할 수 있다. 갇힌 자들이 여호와께 그 참담한 현실을 토로하면서 탄식하였다. 여호와께서 바로 그 소리를 귀 기울여 들으셨다는 것이다(출 2:23-25).

3) 두 번째 목적은 죽이기로 정한 자를 해방시키기 위함이다. 여기 '정한 자'가 누구인가? 이스라엘 백성을 의미한다. 하나님과 친밀한 관계에 있었지만, 지금 죽을 운명에 있다는 것이다. 이것은 바로 여호와께서 그들의 죄로 인해 그들을 바벨론 땅에 포로로 버리신 것을 의미한다. 여호와께서 죽이기로 작정했던 자들 즉 골짜기의 마른 뼈들과 같은 그들을 해방시키신다는 것이다(겔 37장). 그들을 무덤 속과 같은 바벨론 포로에서 해방시켜 이스라엘 땅으로 돌아오게 하시겠다는 것이다.

4) 세 번째 목적은 여호와의 이름과 영예를 선포하기 위해서이다. 시편 102:15과 시편 102:20은 서로 유사하다. 동일한 지역을 가리키는 시온과 예루살렘을 반복하면서 그곳을 하나님께서 반드시 회복하실 것이라 믿고 있다. 다음으로 여호와의 이름과 영예가 그 사이에 반복 배치되어 하나님의 이름과 명예가 널리 드러나게 될 것을 강조하고 있다. 분명한 목적은 '선포케 하려 하심'이라는 것이다. 우리말 개역개정은 맨 뒤에 있지만, 원문은 맨 앞에 있다. 그래서 여호와를 중심으로 구조적으로 보면 다음과 같다.

- A 시온에서
- B 이름
- C 여호와

- B' 그 영예를
- A' 예루살렘에서

5) 이렇게 바벨론 포로에서 벗어나 이스라엘이 회복됨으로써 하나님의 이름과 영광이 더욱 높아질 것이라는 것이다. 구원의 목적, 해방의 목적은 예루살렘에서 여호와의 이름, 그분의 영예를 선포하기 위함이라는 것이다. 즉 '과연 상천하지의 하나님이시구나'라고 한다는 것이다. 그러나 이것으로 끝나지 않는다. 시편 102:22에서 이러한 이스라엘의 구원의 회복 역사가 이루어진 후에 이방 민족들이 여호와를 섬기게 될 것이라는 것이다. 그것도 모두가 일치단결하여 이스라엘 땅으로 모여 들 것이라는 것이다. 이방인들이 이스라엘 땅으로 모여 들어 하나님을 경외하게 될 것이라는 것이다.

> **결론** 시편 102편은 크게 세 부분으로 나눌 수 있다. 첫째는 시편 102:1-11이다. 시인은 육체적 질병으로 크게 괴로워한다. 뿐만 아니라, 민족적으로 바벨론의 포로 생활에 괴로워한다. 자기의 질병과 영적 괴로움 그리고 소외와 외로움이 주의 분노와 진노로 말미암은 것이라고 했다. 이를 주의 징계로 인한 고통으로 인식하고, 영육의 고통, 소외의 고통, 절망의 고통을 토로하고 있다. 둘째는 시편 102:12-22이다. 시인은 이스라엘의 시온의 상태도 소망이 없어 보이는 상태라는 것이다. 하지만 갇힌 자의 탄식을 들으시는 하나님에 대한 신앙으로 시온을 긍휼히 여겨달라고 기도한다. 시온을 건설하시고 영광 중에 나타나 달라고 한다. 그래서 온 열방이 함께 모여 여호와를

경외하고 섬기게 될 것이라고 한다. 셋째는 시편 102:23-28이다. 시인은 전혀 희망이 없어 보이는 시온도 회복하실 하나님이시라면, 자신의 병도 회복시켜 주실 것이라는 믿음이 생기고 있다. 그래서 중년에 자신을 데려가지 말아 달라고 희망찬 기도로 전환하고 있다. 이렇게 절망이 희망으로 바뀌게 되자 시편 102편의 마지막은 하나님을 향한 찬양으로 바뀌고 있다.

1) 시편 102:12-17은 시편 102:1-11과 달리 정한 기한에 시온을 중심으로 실현될 여호와의 종말론적 구원에 대한 고백을 하고 있다. 시편 102:12에서 '그러나 여호와께서'라고 하면서 대 반전, 역전으로 주께서 일어나서 시온을 긍휼히 여기신다는 것이다. 은혜를 베풀어 달라는 것이다. 지난날에 미처 깨닫지 못했던 모든 것이 이제 와서 보니 전부 주의 은혜였다는 사실이다. 주의 백성들이 시온의 돌들과 티끌까지도 소중히 여기며 재건을 간절히 원하고 있다는 것이다. 그리하여 주께서 시온을 건설하시고 영광을 나타내셨다는 것이다. 이미 이루어진 사실로 말씀하고 있다. 그것은 빈궁한 자의 기도를 들으시고, 그 기도를 멸시하지 않으시고 응답해 주셨다는 것이다. 그 결과 지난날에는 주의 종들을 무시하고, 멸시하고, 조롱하던 자들이 이제 와서는 모든 열방과 열왕들이 여호와의 이름을 경외하게 되었다는 것이다. 대 반전, 대 역전의 역사가 이루어졌다는 것이다. 절망이 희망으로 바뀌어졌다는 것이다.

2) 계속해서 시편 102:18-22에서 '그러나 여호와께서' 하신 역사를 선포하고 있다. 여호와께서 빈궁한 자의 기도를 들으시고, 높은 성소에서 굽어 보셨다는 것이다. 하늘에서 땅을 살펴 보셨다는 것이다. 이 일이 장래 세대를 위하여 기록되어져 창조함을 받을 백성들이 여호와를 찬양하게 된다는 것이다. 시온을 긍휼히 여기시고, 시온을 건설하시고 영광을 나타내 열방과 열왕이 여호와를 경외하는 것에서 이제 주의 종, 창조함을 받을 백성들도 여호와를 찬양하게 된다는 것이다.

3) 그리고 여호와의 이름을 시온에서, 그 영예를 예루살렘에서 선포하게 하셨다는 것이다. 그것은 빈궁한 자의 기도를 돌아보시고, 그 기도를 멸시하지 않으시고, 이제 갇힌 자의 탄식을 들으시고, 죽이기로 정한 자를 해방하셨기 때문이다. 그때에 민족들과 나라들이 함께 모여 여호와를 섬긴다는 것이다. 창조함을 받을 백성들이 여호와를 찬양하게 되고, 모든 열방과 열국들이 함께 모여 여호와를 섬기게 된다는 것이다. 온전한 종말론적인 시온의 회복 역사를 말씀하고 있다.

4) 지난날에는 주의 분노와 진노로 너무나 고통스럽고, 좌절과 절망 속에서 살았지만, 그러나 이제는 여호와께서 시온에 베푸신 은혜와 회복을 통해서 주의 종들이 즐거워하고, 창조함을 받을 백성들이 찬양하고, 모든 열방이 여호와를 섬기게 된다는 것이다. 여호와 하나님을 하나님으로 인정하고 경배하게 되는 온전한 시온의 회복이 이루어짐을 말씀하고 있다. 확신에 찬 노래를 하고 있다. 절

망에서 희망의 노래뿐만 아니라, 이제는 확신의 노래를 불러야 한다. 그러기 위해서 하나님과의 바른 관계를 잘 맺어야 한다. 수직적 관계를 바르게 해야 한다. 신앙생활이 나 중심에서 주님 중심으로 변화되어야 한다.

5) 시편 102:1-11에서는 모든 구절마다 1인칭 화법으로 내용이 전개되고 있다. 시인 자신을 지칭하는 1인칭 단수 주격, 소유격, 목적격이 반복적으로 언급되고 있다. 이러한 1인칭이 우리말 개역개정에서는 무려 23회나 사용되고 있다.

6) 그러나 시편 102:12-22에서는 그러한 개인적인 독백이나 고백은 사라지고, 마치 이스라엘 공동체의 대표로서 이스라엘의 회복을 기원하고 있는 듯한 느낌을 갖게 하고 있다. 또한 시편 102:1-11에서는 '여호와'라는 신명을 처음 부분에서 딱 한 번 언급했다. 그러나 시편 102:12-22에서는 '여호와'라는 신명을 집중적으로 사용하고 있다. 8번이나 거듭 반복하면서 사용하고 있다. 그런데 시편 102:23이하에서는 '여호와'라는 신명을 사용하지 않고, '하나님'과 '주'라는 명칭을 사용하고 있다. 우리말 개역개정에서는 '주'라고 되어 있지만, 본래는 '주'가 아니라, '당신'이라는 의미를 지닌 '앗타'와 능하시고 강하신 하나님을 나타내는 '엘'을 사용하고 있다. 따라서 시편 102:12-22에서는 '여호와'라는 신명을 집중적으로 사용하고 있다. 또 그와 함께 우리말 개역개정은 '주', 원문은 '당신'이라는 명칭도 5번 사용하고 있으며, '그'라는 명칭도 5번 사용하고 있다. 이것은 한 마디로 나 중심에서 주님 중심

으로 변화되고 있고 개인에서 이제 여호와 하나님 중심으로 전환
이 이루어지고 있는 것이다.

여호와께서 내 힘을 중도에서 꺾고 내 수명을 단축하셨으므로
He weakened my strength in the way; he shortened my days.
시편 102:23

05

나의 하나님이여

05 나의 하나님이여

성경 : 시편 102 : 23 - 28

서론 신앙생활에 아주 중요한 것은 '이미'와 '아직' 사이의 긴장 관계이다. 정말 예수 그리스도를 나의 구주로 믿는다면, '이미' 구원은 받았지만, '아직' 구원의 완성은 이루어지지 않았다. '이미' 사탄의 자녀에서 하나님의 자녀가 되었지만, '아직' 하나님의 자녀로서 완성된 하나님의 나라를 누리지 못하고 있다. 여전히 우리는 이 세상에 살고 있기 때문이다. 그렇다면 우리는 진정한 시온의 회복을 바라보면서 살아야 한다. 새 하늘과 새 땅, 새 예루살렘, 저 천성을 향하여 날마다, 날마다 소망하면서 살아가야 한다. 이러한 '아직' 이루어지지 않은 시온의 회복을 바라보면서 살아가는 삶은 어떠한가? 한 마디로 우리의 인생 자체가 고난이다. 인생은 한 마디로 고난이다. 이러한 고난에 대한 우리의 생각, 가치관, 세계관에 대한 답을 시편 102편이 하고 있다. 그래서 시편 102편을 '고난 당하는 자'의 시편이라고 한다. 이러한 시편 102편을 크게 세 부분으로 나눌 수 있다.

1) 첫째는 102:1-11이다.

시편 102:1-11은 탄식시의 전형적인 특징에 따라 하나님께 자신의 고통에 대하여 절규 또는 호소하기에 앞서 시편 102:1-2에서 자신의 부르짖음에 신속하게 응답하여 주시기를 호소하고 있다. 이어서 시편 102:3-11에서 하나님의 진노로 인한 극한 고통을 호소하고 있다. 시인은 '내 날이 연기같이 소멸하며', '내 뼈가 숯같이 탔음이니이다'(시 102:3), '내 마음이 풀같이 시들고 말라버렸다'(시 102:4), '나의 살이 뼈에 붙었나이다'(시 102:5) 등 다양한 표현을 통해 자신 또는 자신으로 상징되는 바벨론 포로 생활 중에 있는 이스라엘 백성들이 겪고 있는 극도의 고통과 깊은 절망감을 강조하고 있다. 그러나 그러한 고통의 원인이 '주의 분노와 진노'로 말미암았다는 것이다. '주께서 나를 들어서 던지셨다'라는 것이다. 이러한 고통이 한마디로 하나님의 징계로 말미암았다는 것이다(시 102:10). 그래서 영육의 고통, 소외의 고통, 절망의 고통을 당하고 있다는 것이다.

2) 둘째는 시편 102:12-22이다.

이스라엘의 회복에 대해서 말씀하고 있다. 시인은 여호와께서 정한 시기에 시온을 긍휼히 여기셔서 시온을 다시 건설하실 것임을 고백하고 있다. 그러나 시인은 단지 시온의 회복만을 말하지 않고, 시온을 중심으로 하여 열방까지 구원을 얻는 종말론적 구원까지 내다보고 있다. 이렇게 시편 102:12-22에서 시인은 정한 기한에 시온을 중심으로 실현될 여호와의 구원에 대하여 자신의 신앙을 고백하였다(시 102:12-17). 주께서 일어나사 시온을 긍휼히 여겨 달라는 것이다. 은혜를 베풀어달라는 것이다. 그렇게 하면 지난날에 멸시와 조롱과 저주를 퍼부었던 원수들이, 이제는 열방과 열왕이 여호와를 경외하게 될 것이라는 것이다. 그것은 여호와께서 시온을 건설하시고 영광 중에 나타나셨기 때문이라는 것이다. 이어서 여호와의 종말론적 구원에 대하여 말씀을 하고 있다(시 102:18-22). 그것은 여호와께서 빈궁한 자의 기도를 돌아보시고, 갇힌 자의 탄식을 들으셨기 때문이라는 것이다. 그래서 여호와께서 그의 높은 성소에서 굽어 보시고, 하늘에서 땅을 살펴 보셨다는 것이다. 뿐만 아니라, 죽이기로 정한 자를 해방하여 여호와의 이름과 명예를 시온과 예루살렘에서 선포하게 되었다는 것이다. 그 결과 장래 세대, 창조함을 받을 백성뿐만 아니라. 모든 민족들과 나라들이 함께 모여 여호와를 찬양하고, 경외하고, 섬기게 된다는 것이다. 이러한 대반전, 역전의 역사는 '그러나 여호와께서' 하신 것이다. 빈궁한 자의 기도와 갇힌 자의 기도를 들으시고 역사하신 것이다. 겸손과 확신을 가진자의 기도 속에 역사하신 것이다.

3) 셋째는 시편 102:23-28이다.

이처럼 앞선 내용이 민족의 회복에 대한 내용을 기록했다면, 이제는 다시 처음 단락에서처럼 극히 개인적인 내용으로 돌아와서 마치 주의 분노로 인한 극한 고통을 호소하는 시편 102:1-11의 내용이 재현되고, 그러한 고난의 상황, 암울한 상황이 계속 이어지는 것처럼 보인다. 흐름이 끊어지는 듯한 이러한 진행은 오히려 시편 102 편을 유기적인 통일성을 갖춘 하나의 시로 받아들이는 것을 다소 어렵게 만들고 있다. 그러나 자세히 들여다보면 이러한 구성이야말로 오히려 더 유기적인 통일성을 강조하는 것으로 보인다. 샌드위치 구조를 가지고 있음을 보게 된다.

4) 따라서 시편 102:23-28에서는 짧고 유한한 인생에 대한 자비를 간구하고 있다.

이 지상에서의 자신의 짧은 인생 여정을 너무 단축시켜서 중년에 죽게 하지 마시고 생명을 연장시켜 달라는 것이다. 특별히 시인은 유한한 인생과 무한하시고 영원하신 하나님의 존재와 대비시키며 자신의 일생을 보장해 달라고 간구하고 있다. 이렇게 시편 102:23-28에서는 징계 가운데 있는 시인의 호소와 그의 인생에 대비되는 하나님과 그분의 영원하심에 대한 신앙고백이 기록되어 있다. 그것도 철저한 대조를 통해서 말씀하고 있다. 그러면서 '나의 하나님이여'라고 한다.

1. 주의 연대는 대대에 무궁하니이다.

1) 시편 102:23에서 '그'는 하나님이다. 또한 '내 힘'은 하나님의 힘이 아니라, 시인 자신의 힘이다. 그리고 중도는 '길 가운데서'라는

의미로 시인의 삶의 여정에 있어서 중간의 시점, 즉 중년을 가리키고 있다. 따라서 시인은 하나님께서 앞으로 더 많은 날을 살 수 있는 중년의 나이에 자신의 힘을 쇠약하게 하셨다고 탄식하고 있다. 뿐만 아니라, 이스라엘 백성들 역시도 이스라엘 역사에 있어서 대단히 쇠약한 가운데 있었다는 것이다.

2) 이어서 '내 날을 짧게 하셨다'라고 한다. 여기 짧게 하셨다는 말은 곡식을 베는 것을 나타낼 때 사용하는 말이다. 여호와께서 시인의 날들을 베어버리셨다는 것이다. 단축하셨다는 것이다.

3) 시인이 수를 다 누리지 못하고 죽임을 당하는 상황을 말씀하고 있다. 그러니 시편 102:20의 '죽이기로 정한 자'라는 말씀과 일맥상통하고 있다. 시인의 생명을 일찍 거두어 가신다는 것이다. 이것이 이스라엘 백성들에게는 날들을 짧게 줄이셨다는 것이다. 이스라엘 백성들에게 남아 있는 남쪽 유다 왕국을 중간에 무너뜨리시고, 그들을 패망하게 하셨다는 것도 함께 의미하는 것이다.

4) 시인은 시편 102:24에서 '나의 하나님이여'라고 한다. 지금까지는 시편 102:1에서 '여호와여'라고 했고, 시편 102:12에서 '그러나 여호와여'라고 했다. 그러면서 당신 즉 주께서, 혹은 여호와께서라고 계속해서 강조했다. 그러나 이제는 '나의 하나님이여'라고 하면서 '제발 바로 지금 그렇게 하지 말아 주십시오'라고 한다. 절대로 '나를 중년에 데려가지 마옵소서'라고 한다.

5) 지금 중년에 이른 상황에서 하나님께서 자신의 목숨을 거두어가

려 하시는데, 그리하지 마시기를 간구하는 것으로 볼 수 있다. 시인의 회복, 수명의 연장을 구하는 것으로 볼 수도 있지만, 이것이 유다 백성들의 운명과 연결시켜 다시금 유다가 회복되기를 간절히 소망하는 것으로 볼 수도 있다.

6) 그것은 주의 연대가 대대에 무궁하시고 영원하시기 때문이라는 것이다. 이것을 근거로 해서 자신의 생명을 연장해 달라는 간구이다. 나의 하나님이 영원하시니 인생 또한 영원하게 해달라는 의미가 아니라, 그보다 하나님의 영원하심을 강조하려는 것이다. 하나님이 언약에 성실하신 분이며, 영원토록 변함없는 확고부동한 분이시기 때문이라는 것이다. 결국 시인의 운명과 관련해서 언약을 지키심으로 자신을 회복시키고, 강건하게 해 주실 것을 바라고 소망하는 의미까지 함축하고 있다.

2. 주는 한결 같으시니이다.

1) 시인은 시편 102:24에서 주의 연대가 대대에 무궁함에 대해서 말씀했다. 이제 시편 102:25에서 주의 연대가 영원함의 근거로, 하늘과 땅의 창조 기사를 언급하고 있다. 창세기 1:1을 상기시키고, 동시에 하나님이 행하신 모든 창조 행위를 다 포괄하는 표현이라고 할 수 있다. 인간이 있기도 전 천지의 기초를 세우시고, 만물을 창조하신 창조주 하나님의 영원성을 강조하고 있다.

2) 시편 102:26에서 다시 시인은 창조주와 피조세계를 대조시키고 있다. 시간상 대조이다. 그것들 즉 천지는 멸망할 것이라는 것이다. 없어질 것이라는 것이다. 하지만 당신 즉 주께서는 영존하시겠다는 것이다. 창조주 하나님의 무한성, 영원성을 말씀하고 있다.

3) 이처럼 하나님의 존재의 영원하심과 피조된 모든 것들의 유한함을 현격히 구별시키고 있다. 그것도 의복에 비유를 하면서, 피조물의 유한성을 시간이 지나면 해질 수밖에 없고, 갈아 입을 수 밖에 없는 의복에 비유하여 말하고 있다. 창조된 천지는 결코 영원히 존재하지 않으며, 언젠가는 완전히 없어지고 새 하늘과 새 땅으로 대체될 것이다. 그러나 베드로후서 3:12-13은 새 하늘과 새 땅에 강조점을 두고 있지만, 시편 102:26은 천지의 유한성에 강조점을 두면서 하나님의 영원성과 대조시키고 있다.

4) 시편 102:27에서는 다시 인간과 세상의 유한성에 대조되는 여호와의 영원성을 단적으로 표현하고 있다. 앞부분을 문자적으로 번역하면, '그러나 당신은 그 분이십니다'라는 말씀이다. 시편 102:26과 시편 102:27은 극적으로 대조되면서, 천지는 없어지려니와 주는 영존하시겠다는 것이다. 천지는 의복같이 바꾸시면 바뀌어진다. 그러나 바로 그 분, 바로 그 존재, 주는 한결 같다는 것이다. 세상과 사람들은 언제든지 변하는 존재이지만, 당신 즉 주께서는 한결같이 여상하시다는 것이다. 주의 연대는 끝이 없는 영원성을 가지고 있다.

5) 그러므로 시편 102:28에서는 하나님의 영원성에 근거하여 이스라엘 백성들의 미래를 조망하고, 장래 하나님의 백성들 및 그 후손들

에게 펼쳐질 축복된 내일을 확신하고 있다. 시인은 이러한 암울한 현실 속에서도 영원하신 하나님의 은총을 기대하면서 그 민족의 부활과 존속을 확신하고 있다(시 102:20, 28).

6) 이러한 확신이 누구에게 임하는가? 바로 '주의 종들의 자손'이라는 특별한 표현을 사용하고 있다. 종은 주의 명령에 절대 복종하며 자신의 이익이 아니라, 주인의 이익을 위하여 살아야 한다. 반대로 주인은 이러한 종에 대하여 생활을 보장하고 생명의 안전을 지켜 주어야 한다.

7) 시인이 일차적으로 자신들이 하나님의 명령을 거역하고, 자신의 뜻대로 살아온 과거를 정리하고 하나님을 위하여 하나님 뜻대로 살아갈 것이라는 의지를 피력하고 있다. 그리고 이스라엘 백성들의 후손들이 하나님에 의해서 견고해질 것이라는 것이다. 그러한 견고한 상태가 계속 유지될 것이라는 것이다.

> **결론** 시편 102편은 기록자가 누구인지 자세히 알 수 없다. 기록자 미상의 시이다. 하지만 시인의 시적 역량과 성숙한 신앙, 그리고 민족을 향한 뜨거운 애국심이 잘 드러나는 탁월한 탄식시이다.

1) 시인은 풍부한 비유법, 함축된 시적 언어, 적절한 대구법 등을 사용하여 시인 자신의 처절한 심정과 상태를 매우 설득력 있게 기록하고 있다. 또한 시인은 이스라엘 백성들의 고난을 개인의 극한 고

통에 실어 호소함으로 자신과 민족을 동일시하는 민족애를 드러
내었다. 그리고 시인은 자신이 당하는 고난을 죄에 대한 하나님의
공의로운 심판임을 인정하면서도 하나님의 언약에 근거하여 미래
에 회복될 것을 확신하고 있다. 더 나아가 하나님의 종말론적 구원
까지 내다보고 이를 소리 높여 노래하고 있다.

2) 이러한 시편 102편은 시인이 처한 현실적 어려움에 대한 구원만
아니라, 장차 종말론적으로 이루어질 창조주이시며, 보존자이신
성자 하나님, 예수 그리스도를 통해 이루어질 구원을 예시하고 있
다고 할 수 있다(시 102:25-27, 히 1:10-12). 이런 의미에서 시편
102편은 실로 모든 시대에 하나님의 백성들이 고난의 현실을 넘
어서 영광스러운 미래를 기약하게 하는 소중한 시라고 할 수 있다.

3) 우선 시인은 자기 자신의 불행한 고난의 상태를 조국의 실상 즉 바
벨론 포로 상태와 비교해서 말씀하고 있다. 영육의 고통과 소외의
고통과 절망의 고통이 바로 주의 분노와 진노로 말미암았다는 것
이다. 그래서 시인은 뜨거운 민족 사랑을 가지고 빈궁한 자의 기도
를 들으시고, 갇힌 자의 탄식을 들으시는 하나님 앞에 기도한다.
시온에 긍휼을 베풀어주시고, 시온을 건설하시고, 시온에서 그 이
름과 영예를 선포하게 해 달라고 기도한다.

4) 그래서 장래의 세대와 창조함을 받을 백성과 온 민족들과 나라들
이 여호와를 찬양하고, 경외하고, 섬기게 되는 미래의 희망을 말씀
하고 있다. 그것뿐만 아니라, 시인은 하나님의 영원한 속성에 근거
하여 주의 연대가 무궁할 종말론적 구원관을 갖고 있다. 따라서 이

땅에 사는 사람들이 옷같이 낡아지고 의복같이 바뀔 세상에 연연하지 말고, 주의 종들의 후손으로 주 앞에 굳게 설 영원한 미래를 바라보게 하고 있다.

5) 그러므로 우리 인생은 현실에 좌우되지 말고 영원하신 나의 하나님께 소망을 두고 사는 길이 가장 큰 축복의 길임을 말씀하고 있다. 진정한 기독교인은 이러한 새 예루살렘, 시온을 향하여 살아가는 것이다. 이미 예수 그리스도를 통해서 이루어진 하나님 나라이지만, 아직 완성된 하나님의 나라가 아니기 때문에 그 완성된 하나님의 나라를 향하여 살아가는 것이다.

6) 우리는 아직 미완성의 존재이다. 새 하늘과 새 땅, 신천지, 새 예루살렘이 우리 앞에 있다. 우리는 그 천성을 향해서 나아가야 한다. 달려가야 한다. 힘차게 걸어야 한다.

7) 하지만 우리의 인생은 반드시 고난을 당하게 되어 있다. 그 모든 원인을 다른 곳에서 찾는 것이 아니라, '주의 분노와 진노'에서 찾고 있다(시 102:3-11). 또한 '시온의 회복'에서 찾고 있다(시 102:12-22). 그리고 '주는 한결같고, 주의 연대는 무궁하다'는 신앙고백에서 찾고 있다(시 102:23-28). 모든 원인을 찾았다는 것은 곧 해결의 실마리를 찾았다는 것이다. 모든 것의 원인을 알면 치유의 길이 있다.

8) 시인은 이제 나 중심에서 주님 중심으로 변화되고 있다. 개인에서 이제 여호와 중심으로 전환이 이루어지고 있다. 그러나 여호와가

바로 나의 하나님이라는 사실을 강조하고 있다. 그리고 시인은 시온의 회복을 위해서, 다음 세대를 위해서 맡겨진 사명을 감당하겠다는 것이다. 영원히 한결같으신 하나님을 닮아 나뿐만 아니라, 주의 종들의 자손과 후손들까지도 오로지 하나님께 소망을 두고, 하나님 앞에서 믿음으로 굳게 살도록 하겠다는 것이다.

(다윗의 시) 내 영혼아, 여호와를 찬양하라! 내 속에 있는 것들아, 다 그의 거룩한
이름을 찬양하라.
Bless the Lord, O my soul: and all that is within me, bless his holy name.
시편 103:1

06

내 영혼아 여호와를
송축하라

06 내 영혼아 여호와를 송축하라

성경 : 시편 103 : 1 - 5

> **서론** 성경은 하나님의 말씀이다. 하나님의 계시이다. 하나님의
> 규범이다. 이러한 성경은 한 책이다. 통일성을 이루고 있
> 다. 또한 다양성도 함께 가지고 있다. 성경은 구약과 신
> 약으로 나누어지고, 통상적으로 구약 39권과 신약 27권
> 으로 구성되어 전체 66권으로 이루어져 있다.

1) 그렇다면 성경 전체의 중심은 어디인가?

성경 66권은 총 1,189장으로 구성되어 있다. 총 구절수는 성경마
다 조금 다르다. 개역성경은 31,101절이다. 개역개정은 31,103절
이다. 구약은 929장, 23,145절이다, 신약은 260장, 7,958절이다.
이러한 성경 전체의 중심 구절이 바로 시편 103편 1-2절이다. 물론
이것은 성경절 수를 어떻게 생각하느냐에 따라 달라질 수 있다. 없
음과 생략 등이 존재하기 때문이다. 그러나 시편 103편 1-2절이 중
심 구절임이 분명한 것은 앞과 뒤의 연관성 때문이다.

2) 성경의 제일 첫 절은 창세기 1:1이다. 창조로 시작하고 있다.

또한 중심 구절은 시편 103:1-2이다. 여호와를 송축하라고 한다. 그리고 성경의 제일 마지막 절은 요한계시록 22:21이다. 주 예수의 은혜로 끝을 맺고 있다.

3) 더욱 놀라운 것은 시편의 구성이다.

시편은 총 150편인데, 제1권~제5권으로 구성되어 있다. 오경적 구조로 이루어져 있다. 제1권은 시편 1-41편이다. 제2권은 시편 42-72편이다. 제3권은 시편 73-89편이다. 제4권은 시편 90-106 편이다. 제5권은 시편 107-150편이다. 이것을 도표로 나타내면 다음과 같다.

제1권	제2권	제3권	제4권	제5권
1.............41	42............72	73............89	90...........106	107.........150

4) 이러한 시편의 각 권을 끝내는 마지막 절은 소위 '송영'이라고 불리는 구절들로 끝을 맺고 있다(시 41:13, 72:19, 89:52, 106:48, 150:6). 이것을 도표로 나타내면 다음과 같다.

제1권	제2권	제3권	제4권	제5권
이스라엘의 하나님 여호와를 영원부터 영원까지 송축할지로다. 아멘, 아멘(시 41:13)	홀로 기이한 일들을 행하시는 여호와 하나님 곧 이스라엘의 하나님을 찬송하며 그 영화로운 이름을 영원히 찬송할지어다 온 땅에 그의 영광이 충만할지어다아멘, 아멘 이새의 아들 다윗의 기도가 끝나니라(시 72:18-20)	여호와를 영원히 찬송할지어다. 아멘, 아멘 (시 89:52)	여호와이스라엘의 하나님을 영원부터 영원까지 찬양할지어다 '아멘' 할지어다. 할렐루야(시 106:48)	호흡이 있는 자마다 여호와를 찬양할지어다 할렐루야!(시 150:6)

5) 분만 아니라 시편은 전체적으로 서론과 본론과 결론으로 이루어져 있다.

시편 1-2편이 시편 전체의 서론을 이루고 있고, 또한 시편 제1권의 서론이기도 하다. 복으로 시작해서 복으로 끝을 맺고 있다. 이렇게 시편의 서론은 '누가 진정 행복한 자인가?', 혹은 '누가 진정 복 있는 왕인가?'라는 질문을 던지면서 시편을 시작하고 있다.

6) 그리고 시편 146-150편이 시편 전체의 결론을 이루고 있다.

또한 시편 제5권의 결론이기도 하다. 모두 '할렐루야'로 시작해서 '할렐루야'로 끝을 맺고 있다. 여호와 하나님을 찬양하라는 초청으로 끝을 맺고 있다.

7) 율법을 주야로 묵상하는 왕이 복이 있다고 시작해서 여호와 하나님을 찬양하라는 말씀으로 끝을 맺고 있다.

즉 '인간-왕'에 초점을 맞춰서 시작했다가, '하나님-왕'으로 끝나는 것이다. 그러면서 시편 3-145편이 시편 전체의 본론을 이루고 있다 (시 3-145편). 이것을 도표로 나타내면 다음과 같다.

제1권		제2권	제3권	제4권	제5권	
서론	본론					결론
1-2	3-41	42-72	73-89	90-106	107-145	146-150
	송영	송영	송영	송영		송영

8) 제4권을 시작하는 시편 90편의 표제어에 모세가 등장하고 있다.

그리고 모세와 관련이 있는 출애굽과 광야와 가나안 땅의 삶을 말씀하는 시편 105-106편으로 끝을 맺고 있다. 이것은 과거 모세 시대의 출애굽을 통해서 지금 바벨론에 포로로 끌려갔다가 다시 예루살렘으로 돌아오는 제2의 출애굽, 출바벨론을 말씀하시고자 하는 것이다. 이러한 일을 하시는 분이 바로 여호와이시라는 것이다.

9) 시편 102편이 시온의 회복을 말씀하고 있고, 시편 104편이 처음 6일간의 창조를 말씀하고 있는 그 중심의 시편 103편에서 여호와를 송축하라고 하면서 여호와의 인자하심을 말씀하고 있다.

그래서 스펄전은 시편 103편은 한 권의 성경이라 할 만큼 포괄적인 진리를 담고 있다고 했다. 또한 시편 103편은 절수가 22절로 히브리어 알파벳 수효와 같아서 알파벳 시편이라고 한다. 이것을 도표로 나타내면 다음과 같다.

시편 102편	시편 103편	시편 104편
시온의 회복 간청	여호와를 송축하라	천지의 창조 섭리

1. 여호와를 송축하라는 다짐이다.

1) 시편 103편의 표제는 다윗의 시이다. 그러나 다윗이 언제, 어떤 배경으로 기록했는지 전혀 알 수 없다. 아마 다윗 자신이 여호와의 인자하심을 간절하게 염원하고 있다는 점에서 하나님의 뜻을 저버림으로 여러 어려움을 당했던 다윗 통치 후반기 무렵에 지어진 것이 아닌가 추정할 뿐이다.

2) 시편 103편의 첫 마디가 '송축하라'라는 명령이다. 시편 103:1-2에서 우리말 개역개정은 세 번 기록하고 있으나, 원문은 두 번 기록하고 있다. 그리고 시편 103:20-22에서 네 번이나 더 기록하고 있다. 우리말 개역개정은 총 일곱 번이고, 원문은 여섯 번을 기록하고 있다. 시편 103편은 앞과 뒤에 '송축하라'라는 말씀으로 앞과 뒤에 수미쌍관(inclusio)을 이루고 있다.

3) '송축하라'라는 말은 본래 무릎을 꿇는다는 의미이다. 권세를 가진 존귀한 분을 모든 예의를 갖추어 인정해 주며 높이는 것을 의미한다. 하지만 이 말씀이 강의 능동형으로 사용되면서 복을 비는 것을 의미한다. 축복하는 것을 의미한다(삿 13:24, 삼하 8:10). 그런데 이 말씀이 하나님에 대하여 사용될 때는 찬송하다(창 9:26, 왕상 1:48)라는 의미가 된다. 왜냐하면 사실 인간이 하나님께 복을 주거나 하나님이 복을 받도록 기원을 하거나, 명령할 수 없기 때문이다. 단지 인간이 하나님께 대하여 할 수 있는 것은 축복이 아니라, 찬양이기 때문이다. 그래서 이러한 반복을 통해서 다윗은 송축할 것을 다짐하고 있다. 송축하기로 결심하는 것이다.

4) 무엇이 송축해야 하는가? '내 영혼'이다. 여기 '영혼'이라는 것은 '호흡하다', '입김을 불어 넣다'라는 말로 '영혼', '생기', '마음', '생명'을 의미한다. 따라서 지, 정, 의를 포함한 전인격을 의미하게 되는 것이다. 다윗 자신은 마음과 뜻과 정성을 다하여 송축해야 한다는 것이다. 그것도 다른 사람이 아닌 자기 스스로 송축하겠다고 다짐을 하고 있다. 그런데 '내 영혼아'를 다시 '내 속에 있는 것들아 다'라고 한다. 이 말은 기본적으로 중앙, 중심이라는 의미이다. 태속(창 25:22), 내장(출 12:9), 가운데(신 23:17), 마음, 정신을 함축하고 있다. 다윗 자신의 가장 깊은 심령을 강조하고 있다.

5) 그 송축의 대상이 누구인가? '여호와를'이다. 다윗은 송축의 대상을 여호와라고 한다. '여호와'는 하나님을 지칭하는 여러 이름들 가운데 특히 하나님께서 어떤 대상을 택하셨음과 그 택하신 대상

과 더불어 언약을 맺으시고 그 언약을 신실히 지키시는 분이라는 사실을 부각시킬 때 사용되는 하나님의 이름이다. 다윗은 자신을 선택하여 왕으로 삼아주시기로 약속하신 그 약속을 성실하게 이루어 주신 신실하시며 은혜로우신 하나님, 여호와를 송축하고 있는 것이다. '그의 거룩한 이름'을 송축하라고 한다. 여호와의 이름은 거룩한 이름이기 때문이라는 것이다.

6) 무엇 때문에 송축해야 하는가? 시편 103:1에서 '그의 거룩한 이름'때문에 송축하라는 것이다. 그런데 시편 103:2에서는 '그의 모든 은택을 잊지 말라'라고 한다. 그의 이름이 바로 그의 모든 은택의 원천임을 분명히 하고 있다. 그것도 부정적으로 절대로 잊지 말아야 한다는 것이다. 무엇을 잊지 말라고 하는가? 그것은 하나님의 모든 은택이다. 여기 '그의 모든 은택'은 하나님이 다윗 자신에게 베푸신 은혜이다. 여호와 하나님의 모든 은택을 잊지 않는 길이 바로 여호와를 송축하는 것이다.

7) 이렇게 다윗은 자기 자신을 향해서 여호와를 송축할 것을 명령하고 있다. 절대로 그의 은택을 잊지 말고 그의 거룩한 이름을 송축할 것을 다짐하고 있다. 온 마음과 정성을 다해 여호와를 송축할 것을 맹세하고 있는 것이다.

2. 여호와를 송축하라는 근거이다.

1) 시편 103:1-2에서 다윗 자신은 자신을 향해 여호와를 송축할 것을 명령했다. 이제 시편 103:3-5은 개인적으로 여호와를 송축해야 할 구체적인 이유를 말씀하고 있다. 그 근거를 말씀하고 있다.

2) 그것도 시편 103:1-2에서는 1인칭 단수를 사용하다가, 이제는 2인칭 단수를 계속해서 사용하면서 '그가' '네게' 베푼 그 모든 은택을 총 6가지로 말씀하고 있다. 다른 사람들에게 주어진 축복, 은택을 송축하는 것이 아니라, 다윗 자신에게 개인적으로 주어진 축복, 은총을 찬양하고 있는 것이다.

3) 첫째, 그가 네 모든 죄악을 사하신다는 것이다. 여기 '네 죄악'은 사악, 부패를 뜻하는 것으로 하나님 앞에서 죄악으로 여겨지는 인간의 악을 의미한다. 둘째, 그가 네 모든 병을 고치신다는 것이다. 여기 '네 병'은 질병을 의미한다.

4) 셋째, 그가 네 생명을 파멸에서 구원하신다는 것이다. 여기 '파멸'이란 폐허, 무덤(욥 17:14), 구덩이(욥 33:28), 함정(시 7:16), 웅덩이(시 35:7), 썩음(시 49:10) 등 다양한 의미로 번역되고 있다. 넷째, 그가 인자와 긍휼로 관을 씌우신다는 것이다. 여기 '인자'는 헤세드로, 여호와 하나님과 그의 백성 사이에 언약을 기초로 하여 이루어지는 사랑을 의미한다.

5) 다섯째, 그가 좋은 것으로 네 소원을 만족케 하신다는 것이다. 여기 '소원'은 단장, 꾸미다의 뜻으로 사람의 몸을 치장하는 장식을 의미한다. 여섯째, 그가 네 청춘을 독수리같이 새롭게 하신다는 것이다. 지금까지 모든 단어들이 다 분사였다. 그런데 여기에서는 미완료형이다. 이러한 변화는 지금까지 분사로 표현된 상황의 결과를 나타내는 것이다. 여호와 하나님께서 각 개인을 향하여 베푸신 은혜는 바로 그 사람의 청춘을 독수리같이 새롭게 하는 결과를 가져왔다는 것이다. 온갖 좋은 것으로 채워주시고, 맛있는 양식으로 새 힘을 얻었기 때문에 독수리가 힘차게 날갯짓을 하며 창공을 향하여 치솟는 새로워진 은혜의 모습을 표현하고 있다

결론 성경 전체 중심 구절이 속해 있는 것이 바로 시편 103편이라는 것이다. 이러한 시편 103편 앞에 시편 102편이 있다. 시편 102편은 시온의 회복에 대한 간청이다. 바벨론의 포로로 잡혀가서 고통 속에서 시온을 바라보면서 회복에 대해 기도를 하고 있다(시 102:13-14). 그리고 시편 103편 뒤에 시편 104편이 있다. 시편 104편은 천지 창조에 대한 찬양이다. 그것도 창세기 1-2장의 6일간의 천지 창조에 대해서 찬양하고 있다. 창조주 하나님께서 하신 일이 어찌 그리 많은지 그 지혜로 다 지으셨다는 것이다. 지으신 것들이 땅에 가득하다고 찬양하고 있다(시 104:24).

1) 이러한 시편의 배열은 성경 전체의 주제를 역순서로 배열하고 있는 것이다. 다시 말해서 시온의 회복 즉 거룩한 성 예루살렘, 새 하늘과 새 땅, 새 창조, 예수 그리스도의 재림을 소망하면서 살아가는 자들이 어떻게 살아야 할 것인가를 우리에게 가르쳐 주고 있다는 것이다. 그것도 다윗을 통해서 바벨론의 포로 생활 중에 있는 자들에게, 아니 오늘 우리에게 말씀해 주시고 있다. 한 마디로 그 여호와 하나님을 송축해야 한다는 것이다.

2) 바로 성경 전체 절의 중심에 있는 시편 103편에서 '여호와를 송축하라'라는 말을 반복하고 있다. 시편 103:1-2과 시편 103:20-22에서만 우리말 개역개정에는 무려 7번, 원문에는 6번 반복하고 있다.

3) 여호와를 송축하기 위해 우리에게 필요한 것 두 가지가 있다. 크게 두 가지가 꼭 필요하다. 하나는 다짐과 결심이다. 새롭게 결단을 해야 한다. '내 영혼아 여호와를 송축하라' 내 자신에게 명령하고, 또 명령해야 한다. 나는 여호와를 송축하면서 살겠다는 다짐이 있어야 한다. 또 다른 하나는 잊지 않는 것이다. 반드시 기억하는 것이다. 다른 것은 다 잊어 버려도 여호와 하나님께서 베풀어주신 그의 모든 은혜만은 꼭 잊지 않아야 한다.

4) 그의 모든 은택 중에 절대로 잊지 말아야 할 것이 있다. 꼭 기억해야 할 것을 6가지로 말씀하고 있지만, 크게는 두 가지이다. 하나는 구원의 은혜이다. 우리는 구원받기 위해서 여호와 하나님을 송축하는 것이 아니다. 이미 허물과 죽음에서 우리를 구원해 주셨기 때

문에 그 은혜에 너무 감격해서 여호와 하나님을 송축하는 것이다. 구원의 은총을 받은 자이기 때문이다.

또 다른 하나는 풍성의 은혜이다. 우리 하나님은 우리를 구원해 주시고, 내팽개치는 그런 하나님이 아니다. 구원하신 우리를 끝까지 책임져 주신다. 보호해 주신다. 아니 우리로 하여금 풍성하게 해주신다. 좋은 것으로 만족하게 하신다. 독수리같이 새롭게 하시는 분이기 때문이다.

5) 따라서 우리가 절대로 놓치지 말아야 할 것이 있다. 그것은 시편 103:1-2에서는 '내 영혼아', '내 속에 있는 것들아', '내 영혼'이라는 1인칭 단수를 사용하고 있다. 내 자신을 강조하고 있다. 다른 사람이 아니라, 내 자신이 여호와 하나님을 송축해야 한다. 나는 제외이고, 다른 사람이 아니라 내 자신이 여호와 하나님을 송축해야 한다.

6) 그런데 시편 103:3-5에서는 '그가'라고 3인칭 단수를 사용하면서, '네 모든 죄악을', '네 모든 병을', '네 생명을', '네 소원을', '네 청춘을'이라고 하면서 2인칭 단수를 사용하고 있다. 그가 너에게 그렇게 하신 은혜, 베푸신 은혜라는 것이다. 여호와 하나님께서 너 개인에게 은혜를 베푸셨고, 베푸시고, 베푸실 것이기 때문에 그 여호와 하나님을 송축해야 하는 것이다. 이렇게 끝없는 은혜, 한량없는 은혜의 사슬이 완성되게 해주시는 그 하나님의 은혜를 찬양해야 한다. 우리에게서 아무것도 거두어가지 않으시고, 여전히 네게 은혜를 베푸는 그 여호와를 찬양해야 한다.

여호와께서 의로운 일을 행하시며 억압당하는 모든 사람을 위해 정당한 판결을
내리신다.
The Lord executeth righteousness and judgment for all that are oppressed.
시편 103:6

07

여호와를 경외하는 자에게

07 여호와를 경외하는 자에게

성경 : 시편 103 : 6 - 19

> **서론** 신앙생활에서 우리가 잡아야 할 중심은 무엇인가? SFC 강령에서는 하나님 중심, 성경 중심, 교회 중심이라는 생활 원리로 살도록 가르치고 있다. 그렇다. 우리의 중심이 하나님이 되어야 한다. 또 하나님의 말씀인 성경이 중심이어야 한다. 그리고 교회가 우리의 신앙의 중심이 되어야 한다. 또 하나 놓치지 말아야 할 것은 우리의 중심이 예수 그리스도이어야 한다. 예수 그리스도가 우리의 신앙의 핵심이요, 중심이 되어야 한다. 예수 그리스도는 성경 전체의 핵심 사상이요, 아주 중요한 보배라고 할 수 있다. 그래서 구약성경은 오실 예수 그리스도를 말씀하고, 신약성경은 오신 예수 그리스도, 다시 오실 예수 그리스도를 말씀하고 있다(요 5:39, 46). 이렇게 성경 전체의 핵심이 예수 그리스도이다.

1) 또 하나 성경 전체의 가르침의 중심이 무엇인가? 성경 전체의 중심, 중앙에서는 무엇을 가르치고 있는가? 성경 전체의 절의 중심은 시편 103편이다.

2) 시편 102-104편은 성경 전체의 역순서로 기록하고 있다.

이것은 시온의 회복을 바라는 자들이 어떻게 살아야 하고, 그렇게 살아야 할 이유가 무엇인지를 말씀해 주고 있다. 그것은 바로 시편 103편에서 말하는 '여호와를 송축하라'이다. 여호와 하나님은 창조주 하나님이시기 때문이다.

3) 시편 103편은 '여호와를 송축하라' 특별히 '내 영혼아 여호와를 송축하라'라는 말씀으로 시작하고 있다.

이러한 명령과 다짐과 초대로 시작하고 있다. 그것도 다윗의 개인적인 내면을 향해서 여호와를 송축하라고 한다(시 103:1-2). 그리고 '여호와를 송축하라' 특별히 '여호와의 천사들이여 여호와를 송축하라'. '모든 천군이여 여호와를 송축하라', '모든 피조물이여 여호와를 송축하라'라고 하면서 '내 영혼아 여호와를 송축하라'라는 말씀으로 끝을 맺고 있다. 송축하라는 명령의 대상을 천사들과 만물로 확대하여 여호와를 송축하라고 한다(시 103:20-22). 이렇게 시작과 끝에서 '내 영혼아 여호와를 송축하라'라고 하면서 수미쌍관(inclusio)을 이루고 있다.

4) 이러한 틀 가운데서 송축의 내용이 기록되어 있다.

크게 두 부분으로 되어 있다. 첫째는 시편 103:3-5이다. 다윗 개인을 향한 은택에 대한 송축이다. 둘째는 시편 103:6-19이다. 이 부분 역시도 시편 103:6에서 "여호와께서 공의로운 일을 행하시며 억압

당하는 모든자를 위하여 심판하시는도다"라고 하면서 '여호와께서'
로 시작하고 있다. 그리고 시편 103:19에서 "여호와께서 그의 보좌
를 하늘에 세우시고 그의 왕권으로 만유를 다스리시도다"라고 하면
서 '여호와께서'로 끝을 맺고 있다.

5) 시편 103:6-19을 다시 크게 세 부분으로 나눌 수 있다.

첫째는 시편 103:6-11이다. 여호와를 경외하는 이스라엘을 향한
여호와의 인자하심이 크심을 강조하고 있다. 둘째는 시편 103:12-
16이다. 여호와를 경외하는 자를 긍휼히 여기심과 인생무상에 대해
애통하고 있다. 셋째는 시편 103:17-19이다. 여호와를 경외하는 이
스라엘을 향한 여호와의 인자하심이 영원함을 강조하고 있다.

6) 하지만 시편 103:6-19은 크게 두 부분으로도 나눌 수 있다.

첫째는 시편 103:6-11이다. 여호와를 경외하는 이스라엘을 향한
여호와의 인자하심이 크심을 강조하고 있다. 둘째는 시편 103:12-
19이다. 여호와를 경외하는 이스라엘을 향한 여호와의 인자하심이
영원함을 강조하고 있다.

7) 시편 103:6과 시편 103:19의 여호와 하나님의 통치의 일반적인
특징을 말씀하시는 사이에 죄인인 이스라엘 백성들을 용서하시
는 여호와의 인자하심을 송축하는 시편 103:7-11과, 연약한 인
생들인 이스라엘의 백성들을 불쌍히 여기시는 여호와의 인자하

심을 송축하는 시편 103:12-18로 구성되어 있다.

그리고 각 부분의 마지막에서는 각각 여호와의 인자하심의 크심(시 103:11)과 여호와의 인자하심의 영원함(시 103:17)을 송축함으로써 각 연을 마무리하고 있다.

8) 특별히 출애굽 당시(출 33:12-34:7) 여호와의 인자하심, 즉 하나님의 사랑하심(시 103:4, 8, 11, 17)과 긍휼(시 103:4,8,13)을 강조하면서(시 103:8-10) 시편 103:8과 출애굽기 34:6의 동일한 말씀을 통해서 출애굽 시대나 지금 다윗 시대나 동일하게 '여호와는 자비롭고 은혜롭고 노하기를 더디 하고 인자와 진실이 많은 하나님이라'고 했다.

바로 모세 시대와 다윗 시대에 베풀어주셨던 여호와의 인자하심이 지금 바벨론 포로가 된 상태에서 탄식하며 시온의 회복을 간구하는 자들에게도 여전히 필요함을 역설하고 있다. 이것이 시편 102편 다음에 103편을 기록하고 있는 이유인 것이다. 이것은 바로 여호와를 경외하는 자에게 여호와의 인자하심을 베푸신다는 것이다. 또 여호와를 경외하는 자는 바로 율법을 지키고 행하는 경건한 자들이라는 것이다.

9) 먼저 시편 103:1-5 말씀을 생각했다.

한마디로 여호와를 송축하라는 것이다. 그러면서 크게 두 가지로 말씀했다. 첫째, 여호와를 송축하라는 다짐이다. 여호와를 송축하라는 명령이다. 내 영혼이 여호와를 송축해야 한다. 내 속에 있는 것들이 다 그의 거룩한 이름을 송축해야 한다. 여호와를 송축하기를 결심하고, 다짐해야 한다. 그러기 위해서 절대로 그의 모든 은택을 잊지 말아야 한다. 은혜를 절대로 망각하지 말아야 한다. 둘째, 여호와를 송축하라는 근거이다. 여호와를 송축해야 할 명분이다. 여기에 대해서 6가지로 말씀하고 있다. 하지만 중요한 두 가지를 강조했다. 하나는 구원의 은혜이다. 또 다른 하나는 풍성의 은혜이다. 이렇게 계속적으로 은혜 베푸시는 그 하나님 여호와를 송축하면서 살아야 한다. 그러기 위해서는 여호와를 경외하는 자가 되어야 한다.

1. 여호와를 경외하는 자에게 인자하심이 크시다.

1) 시편 103:6을 시작하면서 여호와 하나님께서 이스라엘 역사 가운데서 베푸신 통치가 의와 공평에서 나온 것이라 한다. 이러한 여호와의 통치는 주로 악인들에게 억압과 착취를 당하는 자들을 구원하는 것으로 표현되고 있다. 여호와의 의로움은 그의 의로우신 재판을 통해서 구체적으로 드러나는 것이다. 그것은 자신들의 형편이나 의지와 전혀 상관없이 외부적 요인에 의하여 학대를 당하여 부당하게 빼앗기고 압박당하는 모든 자에게 의로우신 판결로써 억울한 자들을 구원하신다는 것이다. 이렇게 이스라엘의 구원은 의로우신 여호와 하나님께서 애굽의 압제 가운데서 이스라엘을 건져내신 공의롭고 자비로운 통치의 행위였다. 뿐만 아니라, 시편 103:19에

서 여호와 하나님께서 하늘에서 만유를 통치하시는 주권자이심을 말씀하고 있다. 단순히 이스라엘의 통치자가 아니라, 온 우주에 대한 통치권을 행사하시는 우주적 통치자라는 사실을 말씀하고 있다.

2) 이런 의미에서 시편 103:6과 시편 103:7은 이스라엘의 구원 역사와 맞닿아 있는 것이다. 이러한 여호와의 의로우신 재판에 관하여 구체적으로 알리셨다는 것이다. 여호와께서 그 알리신 대상이 '그 행위를 모세에게, 그의 행사를 이스라엘 자손에게'라고 한다. 여기 행위란 '그의 방식들'을 말씀한다. 여호와께서 일하시는 다양한 방식들이 있는데, 이를 당신의 종 모세에게 알리셨다는 것이다. 여기 행사란 '그의 행적'을 말씀한다. 여호와의 여러 행적이 이스라엘 역사 가운데서 나타났다는 것이다. 여호와께서는 이스라엘 역사 가운데 기적의 역사, 특히 이스라엘이 위기에 처하여 도움을 부르짖을 때, 이스라엘로 하여금 여호와 하나님의 권능을 친히 경험하게 하셨다는 것이다.

3) 시편 103:8에서 여호와 하나님의 속성을 네 가지로 말씀하고 있다. 그것도 '여호와'를 중심으로 앞 뒤 두 가지 속성을 말씀하고 있다. 이것을 통해서 이러한 속성이 여호와와 밀접하게 연관성을 가지고 있음을 강조하고 있다. 그 네 가지는 바로 긍휼하시고 은혜로우시며, 노하기를 더디 하시고, 인자하심이 풍부하시다고 한다(출 34:6). 그것도 모든 사람이 회개하여 진리에 이르기를 원하시기 때문에 즉각적인 심판을 미루시는 인자가 풍부하신 분이라는 것이다(롬 2:4, 딤전 2:4).

4) 시편 103:9에서 부정어 '로'를 반복적으로 사용하고 있다. 항상 경책하시는 것은 아니며, 영원히 노를 품는 것이 아니라는 것이다. 여호와는 긍휼과 인자가 풍부하시기 때문에 경책은 하시되 항상 그러시는 것은 아니며, 노를 품기는 하시되 영원히 그렇게 하시는 것은 아니라는 것이다. 여호와 하나님께서는 긍휼과 인자가 많으셔서 이스라엘이 죄를 짓더라도 벌하시지 않고 회개하기를 기다리기도 하시며 비록 경책하시더라도 영원히 이를 지속하지 않으시는 인자가 풍부하신 여호와이심을 밝히고 있다.

5) 시편 103:10에서 지금까지 모세와 이스라엘에 대해서 말씀하다가 이제는 '우리'로 전환되고 있다. 다윗 시대와 바벨론 포로 시대까지 포함하고 있다. 여기에서도 부정어 '로'를 두 번이나 반복하면서 여호와 하나님의 긍휼과 인자하심의 크심을 강조하고 있다. 여호와 하나님은 인자하심이 크시기 때문에 죄에 대해 징계하기는 하지만, 우리가 지은 죄의 값에 따라 그대로 처벌하시지는 않는다는 것이다. 오래 참고 기다리는 것이다.

6) 그렇게 하시는 이유는 시편 103:11에서 '왜냐하면… 때문이다'는 접속사 '키'로 시작하면서 밝히고 있다. 모세 시대에 온 이스라엘과 다윗 시대의 우리에게까지 여호와의 긍휼과 인자하심을 베풀어주신 이유는 한 마디로 말해서 하늘과 땅 사이의 차이를 비유로 들어 여호와의 인자하심이 사람이 헤아릴 수 없을 만큼 크시기 때문이라는 것이다. 그런데 누구에게 그렇게 하시는가? 하늘이 땅 위에 높음같이, 여호와의 인자하심은 그를 경외하는 자에게 매우

크시다는 것이다.

2. 여호와를 경외하는 자에게 인자하심이 영원하다.

1) 이렇게 다윗은 모세 시대 이스라엘 백성들의 예를 들면서 우리에 게도 죄와 죄악을 그대로 갚지 아니하시는 것은 여호와의 인자하 심이 크시기 때문이라는 것이다. 이러한 여호와의 인자하심은 여 호와를 경외하는 자에게 크심을 말씀했다. 특별히 시편 103:11에 서 수직적 이미지를 사용했다.

2) 이제 시편 103:12에서는 수평적 이미지를 사용하여, 동이 서에서 먼 것 같이 우리의 죄과를 완전히 용서해 주셨음을 말씀하고 있다. 동과 서의 끝이 서로 만날 수 없듯이 여호와 하나님은 우리의 죄과 를 우리에게서 멀리 떼어 놓으셔서 가까이 다가올 수 없게 완전하 게 제거해 주셨다는 것이다(사 43:25). 이것을 우리말로 표현하면 뒤끝이 없다는 것이다. 완전한 삭제를 의미한다.

3) 시편 103:13에서는 여호와의 이스라엘을 향한 사랑을 부모 자식 사이의 지극한 사랑에 빗대어 말씀하고 있다. 자녀에 대한 부모의 사랑과 같이 여호와 하나님께서 자기 백성 이스라엘을 사랑하신 다는 것이다. 우리말 성경의 '불쌍히 여기다, 긍휼히 여기다'라는 말씀은 사랑하다, 귀여워하다, 측은히 여기다는 뜻으로 높은 자가 낮은 자를 어여삐 여기며, 그의 연약함을 체휼하고, 그가 아픔을

겪고 있을 때 함께 아파하고, 그의 슬픔을 자기의 슬픔으로 같이 느끼는 공감적 사랑을 말씀하고 있다. 부모의 마음과 유사하게 여호와의 마음 역시 그를 경외하는 자에게 공감적 사랑으로 대하신 다는 것이다.

4) 그렇게 하시는 이유를 시편 103:11에서 '왜냐하면…이기 때문입 니다'라는 접속사 '키'(כִּי)로 시작하면서 밝히고 있다. 여호와께서 아버지가 자식의 아픔을 자신의 아픔으로 느끼듯이, 여호와를 경 외하는 자들과 함께 고통을 나누시는 이유는 바로 '그가 우리의 체 질을 아시기 때문'이라고 한다. 우리말 성경의 '먼지, 진토'라는 말 씀은 '하나님이 땅의 흙으로 사람을 지으시고'라고 할 때의 흙과 같은 말씀이다. 따라서 하나님께서 창조주가 되시고, 우리가 그에 의해 만들어진 피조물이라는 사실을 기억하신다는 것이다. 또한 하나님께서는 흙으로 만들어진 존재인 우리가 너무나 쉽게 부서 져 버리는 연약한 존재라는 사실을 기억하신다는 것이다.

5) 시편 103:15-16에서는 나그네처럼 이 세상에 잠깐 머물다 가는 덧없는 인생이 마치 들에서 잠깐 자라다가 시들어버리는 풀과 같 다는 것이다. 그 영화는 들의 꽃과 같다는 것이다. 들의 꽃과 같이 단명한다는 것이다. 극히 덧없는 짧은 인생이라는 것이다. 아무리 인생의 화려함이 들에 핀 꽃처럼 아름다워도, 아라비아 사막에서 불어오는 열풍에 의하여 그 아름다운 꽃잎이 한 잎 두 잎 떨어져 버리듯이 영화도 사라진다는 것이다.

6) 시편 103:17-18에서 접속사 '와우'로 시작하고 있다. 그리고 시편

103:15-16에서 인생의 연약함과 유한함을 진술한 것과 반대로, 영원한 것을 말씀하고 있다. 대대로 이루어지는 것을 말씀하고 있다. 영원함을 말씀하고 있다. 영원부터 영원까지 이른다는 것이다. 자손의 자손에게 이른다는 것이다. 영원히 계속된다는 것이다.

7) 이러한 영원한 여호와의 인자하심이 누구에게 미치게 되는가? '자기를 경외하는 자에게'이다. 시편 103:11에서 '그를 경외하는 자에게'라고 했다. 시편 103:13에서는 '자기를 경외하는 자'라고 말씀하고, 이어서 시편 103:17에서도 '자기를 경외하는 자'라고 말씀하고 있다. 자기를 경외하는 모든 자에게 여호와의 인자하심이 대대로 미치신다는 것이다. 영원히 함께하신다는 것이다. 자기를 경외하는 사람 가운데 단 한 사람도 제외되지 않고 빠짐없이 영원히 미친다는 것이다. 그러면서 자기를 경외하는 자를 좀 더 구체적으로 말씀하고 있다. 시편 103:18에서 "곧 그의 언약을 지키고 그의 법도를 기억하고 행하는 자에게로다"라고 말씀하고 있다.

결론 시편 103편은 성경 전체의 중심 구절이다. 뿐만 아니라, 시편 103편 앞의 시편 102편에서 시온의 회복을 간구하고, 뒤의 시편 104편에서 천지의 창조를 찬양하고 있다. 이렇게 성경 전체의 중요한 주제인 시온의 회복과 천지의 창조가 성경의 역순서로 되어 있다. 따라서 시편 103편은 이 자체로서 한 권의 성경이라고 할 만큼 포괄적인 진리를 담고 있다. 또한 절수가 22절로 되어 있어 히브리어 알파벳의 수효와 같다고 하여 알파벳 시편이라고 한다.

---

1) 그렇다면 시편 103편은 무엇을 말씀하고 있는가? 먼저 시편 103:1-5을 통해서 한마디로 여호와를 송축하라고 한다. '내 영혼아 여호와를 송축하라'라고 한다. 그것도 한 번이 아니라, 계속해서 '내 영혼아 여호와를 송축하라'라고 한다. 명령일 뿐 아니라 다짐이다. 그렇게 하기로 결심하고 결단하는 것이다. 그것도 '내 속에 있는 것들아 다 그의 이름을 송축하라'라고 한다. 내 마음을 다하고, 뜻을 다하고, 힘을 다해서 여호와를 송축해야 한다. 그의 모든 은택을 잊지 말고 송축해야 한다. 그것은 바로 나에게 구원의 은혜를 베풀어 주셨고, 풍성의 은혜를 베풀어 주셨기 때문이다. 이렇게 시편 103:1-5은 철저하게 1인칭 단수로 말씀한다. 나 개인, 다윗 자신을 말씀하고 있다. 또 여호와께서 '너의'라고 하면서 2인칭 단수로 말씀하고 있다. 다윗 개인에게 베풀어 주신 여호와 하나님의 은총이기 때문이다.

2) 그러다가 시편 103:7에서는 모세 시대의 이스라엘 백성들에게 베푸신 여호와 하나님의 긍휼과 인자를 말씀하고 있다. 이에 따라 시편 103:10, 12, 14에서는 계속해서 '우리'라는 1인칭 복수를 사용하고 있다. 다윗과 다윗 시대 더 나아가서 바벨론 포로 생활 중에 있는 이스라엘 백성들에게 말씀하고 있다. 개인적으로 얻은 은택만 송축(찬양)하는 것으로 끝나는 것이 아니라, 이제는 다른 이들, 이스라엘 백성들과 바벨론 포로 생활 중에 있는 모든 자들이 여호와 하나님께서 베푸신 은총을 송축하도록 하고 있다. 사실 바벨론 포로 중에 있는 이스라엘 백성들은 여호와 하나님의 인자하심이

끝났다고 생각하고 있었다. 여호와 하나님의 은혜의 손길은 멈추었다고 생각했다. 왜냐하면 하나님이 우리를 긍휼히 여기고, 사랑하셨다면 어떻게 이렇게 바벨론에 포로로 잡혀 올 수 있느냐는 것이다. 더 이상 하나님은 우리를 사랑하지 않는다는 것이다. 여기에 대해 하나님은 다윗을 통해서 아니라고 하신 것이다.

3) 그러면서 첫 번째 강조하는 것은 여호와 하나님의 인자하심이 크다는 것이다. 엄청나게 크다는 것이다. 그것을 어떻게 알 수 있는가? 여호와 하나님께서 공의를 그대로 행하시면 살아남을 자 누가 있겠는가? 아무도 없다. 그럼에도 불구하고 여호와 하나님의 인자하심이 크시기 때문에 우리의 죄를 따라 우리를 처벌하지 않고, 우리의 죄악을 따라 우리에게 그대로 갚지 않으셨기 때문이라는 것이다. 그래서 지금 이렇게 살아 있다는 것이다. 하늘이 땅에서 높음같이 여호와의 인자하심이 엄청나게 크시기 때문이라는 것이다. 이렇게 공간적인 비유를 통해서 여호와의 인자하심이 크고, 넓고, 위대하다는 것을 말씀하고 있다.

4) 그리고 두 번째 강조하는 것은 여호와 하나님의 인자하심이 영원하다는 것이다. 영원부터 영원까지 이른다는 것이다. 그의 의는 자손의 자손에게 미치게 된다는 것이다. 첫 번째의 공간적 개념에서 이제는 시간적 개념을 가지고 그것이 영원하며 자자손손까지 미친다는 것을 강조하고 있다. 인생은 풀과 같고, 그 영화가 들의 꽃과 같아서 다 지나가면 없어지고, 한순간에 다 사라지는데 비하여, 여호와의 인자하심은 영원하다는 것이다. 그래서 바벨론 포로 생

활 중에 있는 자들에게 정말 필요한 것이 바로 영원한 여호와의 인자하심이요, 긍휼하심이라는 것이다.

5) 이렇게 크고, 영원한 여호와의 인자하심을 누구에게 베푸시겠다고 하는가? 시편 103:11에서 "이는 하늘이 땅에서 높음같이 그를 경외하는 자에게 그의 인자하심이 크심이로다"라고 한다. 또 시편 103:13에서 "아버지가 자식을 긍휼히 여김같이 여호와께서는 자기를 경외하는 자를 긍휼히 여기시나니"라고 한다. 그리고 시편 103:17에서 "여호와의 인자하심은 자기를 경외하는 자에게 영원부터 영원까지 이르며 그의 의는 자손의 자손에게 이르리니"라고 한다. 여호와를 경외하는 자에게 여호와의 인자하심과 긍휼하심과 그의 의와 복을 베푸시겠다는 것이다.

6) 그럼 여호와를 경외하는 자란 누구인가? 바로 그의 언약을 지키고, 그의 법도를 기억하고 행하는 자이다. 바로 여호와 하나님의 말씀을 그대로 지키고 행하는 자이다. 단순히 아는 신앙이 아니라, 행동하는 신앙을 가진 자라는 것이다.

여호와께서 그의 보좌를 하늘에 세우시고 그의 왕권으로 만유를 다스리시도다.
The Lord has established his throne in heaven, and his kingdom rules over all.
시편 103:19

08

모든 천군이여 여호와를
송축하라

08 모든 천군이여 여호와를 송축하라

성경 : 시편 103 : 19 – 22

> **서론** 성경 전체의 중심 절이 시편 103편이다. 시편 103편 앞
> 에 시편 102편이 기록되어 있고, 시편 103편 뒤에 시편
> 104편이 기록되어 있다. 시편 102편은 시온의 회복을 위
> 해서 기도하고 있다. 시편 104편은 천지 창조에 대해서
> 송축하고 있다. 그리고 그 중심의 시편 103편은 여호와
> 를 송축하라고 한다. 시편 103편은 시작(시 103:1-2)과
> 마지막 부분(시 103:21-22)에서 '내 영혼아 여호와를 송
> 축하라'라고 하며 수미쌍관(inclusio)을 이루고 있다.

1) 먼저 시편 103:1-5 말씀을 생각했다.

한마디로 여호와를 송축하라는 것이다. 그러면서 크게 두 가지로
말씀했다. 첫째, 여호와를 송축하라는 다짐이다. 여호와를 송축하
라는 명령이다. 내 영혼이 여호와를 송축해야 한다. 내 속에 있는 것
들이 다 그의 거룩한 이름을 송축해야 한다. 여호와를 송축하기를
결심하고, 다짐해야 한다. 그러기 위해서 그의 모든 은택을 결코 잊
지 말아야 한다. 은혜를 절대로 망각하지 말아야 한다. 둘째, 여호와
를 송축하라는 근거이다. 여호와를 송축해야 할 명분이다. 여기에
대해서 6가지로 말씀하고 있다. 하지만 중요한 두 가지를 강조했다.

하나는 구원의 은혜이다. 또 다른 하나는 풍성의 은혜이다.

2) 그 다음 시편 103:6-19 말씀을 생각했다.

여호와를 송축해야 하는 것은 여호와 자신이 인자하시기 때문이다. 여호와의 인자하심으로 인하여 송축해야 한다. 여호와의 인자하심에 대해서 크게 두 가지를 생각했다. 하나는 여호와의 인자하심이 크시다는 것이다. 여호와를 경외하는 자에게 인자하심이 크시다는 것이다. 그래서 예배하는 삶에 목숨을 걸자고 했다. 예배하는 신앙에 대해서 말씀했다. 또 다른 하나는 여호와의 인자하심이 영원하다는 것이다. 여호와를 경외하는 자에게 인자하심이 영원하다는 것이다. 여호와를 경외하는 자는 그의 언약을 지키고, 그의 법도를 기억하고 행하는 자라는 것이다. 여호와의 말씀을 그대로 실천하고 행동하는 자라고 했다. 행동하는 신앙에 대해서 말씀했다.

3) 이제 다시 여호와를 송축해야 할 이유를 말씀하고, 여호와를 송축하라고 명령하고 있다.

이 부분을 살펴 보기 전에 시편 103편의 전체적인 구조를 간단히 살펴보고자 한다. 먼저 크게 세 부분으로 나눌 수 있다. 첫째는 시편 103:1-5이다. 여호와를 송축하라는 명령과 그 이유에 대해서 말씀하고 있다. 둘째는 시편 103:6-19이다. 여호와의 인자하심이 여호와를 경외하는 자에게 크심과 영원하심에 대해서 말씀하고 있다. 셋째는 시편 103:19-22이다. 여호와를 송축하라는 명령과 그 이유에 대해서 다시 한 번 더 말씀하고 있다. 이것을 구조적으로 보면 다음과 같다.

- A 시편 103:1-5 여호와를 송축하라 / 송축의 이유
- B 시편 103:6-19 여호와의 인자하심 – 여호와를 경외하는 자에게
- A' 시편 103:19-22 송축의 이유 / 여호와를 송축하라

1. 여호와를 송축하라는 이유이다.

1) 시편 103:19-22은 시편 103:1-5과 역순으로 말씀하고 있다. 시편 103:1-5은 "네 영혼아 여호와를 송축하라"를 먼저 말씀했다. 그것도 우리말 개역개정은 세 번, 원문은 두 번 여호와를 송축하라고 강조했다. 그리고 이어서 여호와를 송축해야 할 이유, 그 근거를 말씀했다. 여호와께서 모든 은택을 베풀어 주셨기 때문이라는 것이다. 그래서 여호와를 송축하라는 것이다. 그런데 시편 103:19-22은 반대로 여호와를 송축해야 할 이유, 그 근거를 먼저 말씀하고 있다. 그리고 나서 여호와 하나님을 송축하라고 한다. 그것도 네 번이나 반복하면서 여호와를 송축하라고 한다.

2) 시편 103:19은 양면성을 가지고 있다. 그것은 먼저 시편 103:6과의 관계이다. 시편 103:6에서 "여호와께서 공의로운 일을 행하시며 억압당하는 모든 자를 위하여 심판하시는도다"라고 했다. 시편 103:6과 시편 103:19는 밀접하게 연관성을 가지고 있다. 우리말 개역개정은 '여호와께서'로 시작하고 있다. 그리고 '여호와께서'로 끝을 맺

고 있다. 소위 말하는 수미쌍관(inclusio)을 이룬다고 볼 수 있다.

3) 시편 103:6을 다시 번역하면 "여호와께서 압박당하는 모든 자를 위하여 공의와 공평을 행하시는도다"라는 말씀이다. 여호와 하나님께서 이스라엘 역사 가운데서 베푸신 통치가 공의와 공평에서 나온 것이라는 것이다. 여호와께서는 공의와 공평으로 통치하신다. 그것도 억압당하는 모든 자를 위해서 그렇게 공의와 공평을 통해서 통치하신다는 것이다. 우리말 개역개정은 '공의와 심판'으로 번역하고 있다. 그런데 이것은 절대로 둘이 아니라, 하나이다. 같은 개념이다. 마치 동전의 양면과 같은 개념이다. 서로 상호 보완하고 있다.

4) 이제 시편 103:19에서는 여호와께서 하늘에 자신의 보좌를 세우셨다고 한다. 시편 103:11에서는 하늘이 땅에서 높음같이 여호와의 인자하심이 크다고 했다. 이제 여호와께서 하늘에 그 보좌를 세우셨다고 말씀하고 있다. 여기 '세우다'라는 말은 모든 도전을 물리치고 견고히 세운다는 것이다. 전투적 배경을 깔고 있다. 하늘이라고 하면 공간적 측면의 창공을 의미할 수도 있다. 인간의 힘으로는 알 수도 없고 미칠 수 없는 여호와 하나님이 거주하는 그 하늘에 보좌를 세우셨다는 것이다. 이렇게 여호와의 보좌가 하늘에 있다는 것은 여호와 하나님께서 단순히 이스라엘의 통치자가 아니라, 온 우주에 대한 통치권을 행하시는 우주적 통치자라는 사실을 보여주고 있다. 뿐만 아니라, "그리고 그의 왕권으로 만유를 다스리시도다"라고 말씀한다. 그의 왕권은 그의 왕국이라고 해도 괜찮다. 여호와의 왕국은 여호와의 통치의 원리, 혹은 그의 주권에 대

한 상징적 표현이기 때문이다. 하늘 보좌에 좌정하시고, 온 세상 만물을 다스리시는 온 세상의 왕이심을 밝히 드러내고 있다. 하늘의 보좌에서 만유를 통치하시는 여호와이심을 말씀하고 있다.

5) 그러면서 시편 103:19의 말씀은 뒤에 나오는 시편 103:20-22과 밀접하게 연결되어 있다. 그것은 바로 여호와를 왜 송축해야 하는가? 바로 만유를 다스리시는 통치자, 주권자, 왕이시기 때문이라는 것이다. 여호와 하나님의 무한하신 권능과 그 영화로우신 주권 때문에 위대한 송축이 터져 나오는 것이다. 여호와께서 앉으신 보좌는 결코 불안하지 않으며, 그 누구에게서 빌려 오신 것도 아니다. 온 우주를 변함없이 항상 다스리시며, 앞으로도 줄곧 그렇게 하신다는 것이다. 온 우주의 통치자로, 만유의 주권자로 통치하신다.

6) 이렇게 시편 103:19은 양면성을 가지고 있다. 그것은 시편 103:6과의 관계 뿐만 아니라, 또 시편 103:20-22과도 관계를 가지고 있다. 아니 더 중심인 시편 103:7-18과의 관계에서도 충분히 해석해 볼 수 있다. 여호와 하나님은 공의와 공평으로 만유를 통치하신다.

2. 여호와를 송축하라는 권면이다.

1) 시편 103:20-22은 시편 103:1-2과 아주 밀접하게 연결되어 있다. 우리말 성경에는 시편 103:1-2에서 세 번에 걸쳐 '내 영혼아 여호와를 송축하라', '내 속에 있는 것들아 다 그의 거룩한 이름을 송축하라', '내 영혼아 여호와를 송축하라'라고 했다. 그러

나 원문에는 중간에는 없고, 두 번만 기록되어 있다. 그런데 시편 103:20-22에서는 총 네 번에 걸쳐 여호와를 송축하라고 한다. 시편 103:20에서 한 번, 시편 103:21에서 한 번, 시편 103:22에서 두 번 기록되어 있다. 송축하는데 누구를 송축해야 하는가? 송축의 대상은 바로 '여호와'이다.

2) 그러면 누구를 향해 여호와를 송축하라고 하는가? 크게 세 부분으로 나누어 보겠다. 첫째, 시편 103:20에서는 '…여호와의 천사들이여 여호와를 송축하라'고 한다. 여기 '여호와의 천사들'은 그의 사자들을 의미한다. 특별한 임무를 띠고 보냄을 받은 사자들을 가리키고 있다. 여호와의 천사들을 무엇이라고 하는가? '능력이 있어 여호와의 말씀을 행하며 그의 말씀의 소리를 듣는 여호와의 천사들이여'라고 한다. 아무리 탁월한 능력을 지닌 천사라 할지라도 여호와를 송축해야 한다.

3) 둘째, 시편 103:21에서 '…모든 천군이여 여호와를 송축하라'고 한다. 여기 '모든 천군이여'라는 것은 천사들의 여호와 섬김을 군사적 용어로 표현하고 있다. 그의 모든 군대를 의미한다고 할 수 있다. 전쟁을 위해 조직된 무리를 가리키고 있다. '너희 모든 천군이여'라고 하면서 무엇이라고 하는가? '그에게 수종들며 그의 뜻을 행하는 모든 천군이여'라고 한다. 여호와의 뜻을 거슬러 행동하지 않고, 그 기뻐하시는 뜻을 받들어 수행하며 수종드는 모든 천군들도 여호와 하나님을 송축하라는 것이다.

4) 셋째, 시편 103:22에서 '…모든 곳에 있는 너희여 여호와를 송축

하라 내 영혼아 여호와를 송축하라'라고 한다. 여기 '모든 곳에 있는 너희여'라고 하면서 여호와 하나님이 만드신 모든 피조물을 가리키고 있다. 여호와의 창조와 통치의 대상에는 사람만이 아니라, 모든 생명 있는 피조물, 온 우주 가운데 존재하는 모든 만물이 다 포함되는 것이다. 전 피조 세계가 필연적으로 창조주요, 왕이신 여호와 하나님을 송축해야 한다는 것이다. 그래서 '여호와의 지으심을 받고 그가 다스리는 모든 곳에 있는 너희여…'라고 한다.

5) 이러한 의미에서 시편 103:1을 시작하면서 '내 영혼아 여호와를 송축하라'라고 한 것과 같이 이제 마지막으로 끝을 맺으면서 시편 103:22에서 '내 영혼아 여호와를 송축하라'라고 수미쌍관(inclusio)을 이루며 다시 한번 명령을 반복하면서 다짐하고 있다. 모든 피조물과 더불어 다윗 자신 역시 하나님의 뜻을 지키며 그 이름을 높이고 송축할 것을 다짐하는 말씀이라고 할 수 있다.

결론 시편 103편은 성경 전체 구절의 중심이다. 스펄전은 한 권의 성경이라고 할 만큼 포괄적인 진리를 담고 있다고 했다. 왜 그런가? 시편 103편 앞에 있는 시편 102편은 시온의 회복을 위해서 간구하고 있다. 마치 성경 전체의 마지막 부분인 요한계시록에서 새 하늘과 새 땅, 새 창조의 회복을 바라는 것과 같다. 그리고 그 뒤에 있는 시편 104편은 천지 창조의 6일간의 섭리하심을 송축하고 있다. 마치 성경 전체의 처음 부분인 창세기의 천지창조와 같다. 그러니 102-104편은 성경 전체를 역순서로 배열해 놓고 있는 것과 같다. 그 중심에 시편 103편이 있다. 이것을 도표로 보면 다음과 같다.

시편 102편	시편 103편	시편 104편
시온의 회복 간청	여호와를 송축하라	천지의 창조 섭리

1) 성경 전체의 절 중심에 있는 시편 103편은 크게 세 부분으로 되어
   있다. 이것을 구조적으로 보면 다음과 같다.
   - A 시편 103:1-5 여호와를 송축하라 / 송축의 이유
   - B 시편 103:6-19 여호와의 인자하심 – 여호와를 경외하는 자에게
   - A' 시편 103:19-22 송축의 이유 / 여호와를 송축하라

2) 이렇게 시편 103:1-5은 '내 영혼아', '내 속에 있는 것들아', '내 영
   혼아'라고 1인칭 단수를 사용하고 있다. 그리고 '네 모든 죄악' '네
   생명', '네 소원', '네 청춘'이라고 하면서 2인칭 단수를 사용하고
   있다. 다윗 개인이 여호와를 송축하겠다고 다짐하고 있다. 여호와
   하나님이 다윗 자신에게 베푸신 은택을 잊지 않고 여호와를 송축
   하겠다고 한다.

3) 이어서 시편 103:6-19은 모세 시대 이스라엘뿐만 아니라, 1인칭
   복수를 사용하면서 다윗과 이스라엘 백성의 공동체, 더 나아가서
   바벨론 포로 생활 중에 있는 공동체까지를 포함하면서 여호와의
   인자하심이 크고, 영원함이 여호와를 경외하는 자에게 이르게
   된다는 것이다. 그러면서 여호와를 경외하는 자는 곧 그의 언약을
   지키고 그의 법도를 기억하여 행하는 자라는 것이다.

4) 그리고 나서 시편 103:19-22에서 그렇게 여호와를 경외하는 자에
   게, 그 말씀을 그대로 행하는 자에게 여호와의 크시고, 영원한 인

자하심을 베푸시는 분이 바로 만유의 통치자라는 것이다. 만왕의 왕이요, 만유의 주요, 온 우주의 주권자요. 통치자라는 것이다. 그렇기 때문에 그 왕되신 여호와 하나님을 송축해야 한다는 것이다.

5) 그러면 누가 송축해야 하는가? 여호와의 천사들뿐만 아니라, 모든 천군과 모든 피조물까지 여호와의 인자하심을 송축해야 한다는 것이다. 그것도 점층법으로 확장을 시켜가면서 개인에서 이스라엘로, 이스라엘에서 이제는 모든 피조물로 자연스럽게 여호와를 송축할 것을 촉구하고 있다. 뿐만 아니라, 여호와의 천사들, 모든 천군, 모든 곳에 있는 너희뿐만 아니라, 다윗 자신도 '내 영혼아 여호와를 송축하라'고 하면서 여호와를 송축할 것을 다짐하고 있다. 어느 누구 하나도 예외 없이 하늘과 땅, 모든 영혼들이 여호와를 송축해야 한다는 것이다.

내 영혼아, 여호와를 찬양하라! 여호와 나의 하나님이시여, 주는 아주 위대하셔
서 위엄과 영광의 옷을 입으셨습니다.

Bless the Lord, O my soul. O Lord my God, thou art very great; thou art
clothed with honour and majesty.

시편 104:1

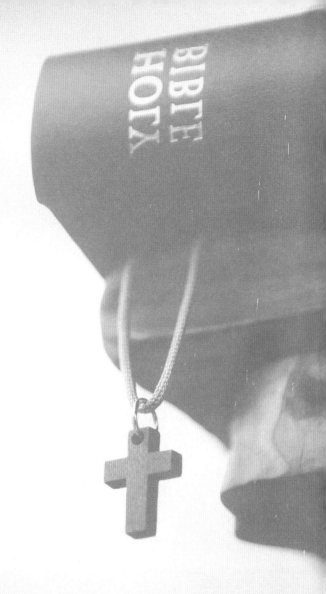

09

내 영혼아!

내 영혼아!

성경 : 시편 104 : 1 - 4

서론 성경 전체의 처음 시작 부분이 구약성경 창세기이다. 창세기 중에서 그 시작은 창세기 1-4장인데 첫 창조와 타락을 말씀하고 있다. 창조를 통해서 에덴동산을 창설하셨다. 에덴동산을 창설하심으로 하나님의 나라, 이 세상의 시작에 대해서 말씀하고 있다. 이렇게 시작한 하나님의 나라, 에덴동산, 이 세상에 하나님의 형상으로 창조된 아담과 하와의 타락으로 죄가 들어왔다. 죄로 말미암아 사망이 왕 노릇하게 되었다. 한마디로 엉망진창인 세상이 되었다. 이러한 세상을 구원하기 위해서 하나님의 아들 예수 그리스도를 이 세상에 보내셨다. 이 세상에 보내셔서 죄와 죽음의 문제를 해결하기 위해서 십자가에 못 박혀 죽게 하셨다. 이렇게 하여 하나님의 나라를 성취하였다. 그리고 예수 그리스도께서 다시 부활하시고, 승천하셔서 하나님의 보좌 우편에서 만왕의 왕, 만유의 주로서 통치하게 하셨다. 그러다가 다시금 예수 그리스도께서 이 세상에 재림하셔서 이 세상을 심판하시면서 새 창조를 완성하시는 것이다. 예수 그리스도의 재림을 통해서 새 하늘과 새 땅, 에덴의 완성, 첫 에덴의 회복으로 새롭게 새 창조가 시작되는 것이다. 이러한 사실을 기록한 곳이 성경 전체의 마지막인 신약성경의 요한계시록이다. 요한계시록 중에서 요한계시록 19-22장이다.

창세기 1-2장	창세기 3장 – 계시록 20장	계시록 21-22장
에덴의 창조(시작)	엉망진창인 세상, 타락과 멸망이다.	에덴의 회복(완성)

1) 성경은 크게 두 부분으로 나눈다.

하나는 구약성경이고, 다른 하나는 신약성경이다. 먼저 구약성경은
창세기 1:1의 창조로 시작하며 말라기 4:6의 저주로 끝을 맺고 있
다. 창세기 1:1의 "태초에 하나님이 천지를 창조하시니라"라는 선포
로 시작하여 말라기 4:6에서 "내가 와서 저주로 그 땅을 칠까 하노
라"라는 말씀으로 끝을 맺고 있다. 저주로 끝을 맺고 있다.

2) 그 다음 신약성경은 마태복음 1:1의 예수 그리스도의 계보로 시
작하여 요한계시록 22:21에서 은혜로 끝을 맺고 있다.

마태복음 1:1은 "아브라함과 다윗의 자손 예수 그리스도의 계보라"
로 시작하고, 특별히 마가복음 1:1은 "하나님의 아들 예수 그리스도
의 복음의 시작이라"로 시작하여, 요한계시록 22:21에서 "주예수의
은혜가 모든 자에게 있을지어다 아멘"으로 끝을 맺고 있다. 은혜로

끝을 맺고 있다.

3) 구약성경 말라기 4:6에는 아멘이 없다.

그러나 신약성경 요한계시록 22:21에는 아멘이 있다. 저주를 은혜
로 바꾸는 그곳에 아멘이 있다. 이것은 바로 예수 그리스도를 통해
서 저주가 은혜로 변화되는 것이다. 이렇게 성경은 창세기의 창조
즉 에덴동산으로 시작하여, 요한계시록의 새 창조 즉 새 하늘과 새
땅, 에덴의 회복, 에덴의 완성으로 끝을 맺고 있다. 이러한 사실을
통해 성경 전체를 도표로 나타내면 다음과 같다

	성경 - 권위		
영원	창 1-4장	시 103편	계 19-22장
	첫 창조와 타락	여호와를 송축하라	심판과 새 창조
	성경 - 토대		영원

4) 그렇다면 성경 전체의 중심은 어디인가?

특별히 절의 중심은 어디인가? 시편 103편이다. 성경 전체 절의 중
심에서 '내 영혼아 여호와를 송축하라'라고 말씀하고 있다. 그것도
수미쌍관(inclusio)를 이루면서 강조하고 있다(시 103:1, 22). 시편
103:1 "내 영혼아 여호와를 송축하라 내 속에 있는 것들아 다 그의
거룩한 이름을 송축하라"라고 한다. 그리고 시편 103:22에서 "여호
와의 지으심을 받고 그가 다스리시는 모든 곳에 있는 너희여 여호

와를 송축하라 내 영혼아 여호와를 송축하라"라고 한다.

5) 성경의 제일 첫 절은 창세기 1:10이다.

"태초에 하나님이 천지를 창조하시니라"이다. 창조로 시작하고 있
다. 또한 중심 구절은 시편 103편이다. "여호와를 송축하라"라고
한다. 그리고 성경의 제일 마지막 절은 요한계시록 22:21이다. "주
예수의 은혜가 모든 자들에게 있을지어다 아멘"이다. 이렇게 시편
103편을 중심으로 앞과 뒤를 보면, 앞에는 시편 102편이 시온의 회
복을 말씀하고 있다. 뒤에는 시편 104편이 처음 6일간의 창조를 말
씀하고 있다. 그 중심의 시편 103편에서 여호와를 송축하라고 하면
서 여호와의 인자하심을 말씀하고 있다. 그래서 스펄전은 시편 103
편이 한 권의 성경이라 할 만큼 포괄적인 진리를 담고 있다고 했다.
또한 103편은 절수가 22절로 히브리어 알파벳 수효와 같아서 알파
벳 시편이라고 한다. 이것을 도표로 나타내면 다음과 같다.

시편 102편	시편 103편	시편 104편
시온의 회복 간청	여호와를 송축하라	천지의 창조 섭리

6) 그런데 놀라운 것은 시편 102-104편이 성경 전체의 역순서로 기록되어 있다는 것이다.

성경 전체의 결론부의 기록과 비슷한 시온의 회복을 먼저 말씀하시
고, 성경 전체의 서론부인 창세기 처음 부분의 세상의 창조를 나중

에 말씀하고 있다. 그러면서 그 중심에서 여호와 하나님을 송축하라고 하는 것이다. 이것은 마치 성경 전체의 마지막 부분인 요한계시록 마지막 부분의 시온의 회복, 에덴의 회복을 시편 102편에서 먼저 말씀하신 것과 같다. 그리고 성경 전체의 처음 부분인 창세기 처음 부분의 창조 사역, 창조의 시작을 시편 104편에서 나중에 말씀하고 있는 것과 같다. 성경 전체의 역사적 순서를 그대로 말하면 시편 104편이 먼저 오고, 시편 102편이 나중에 와야 한다. 그런데 오히려 역순서로 말씀하고 있다. 시편 102편을 중심으로 앞으로 시편 101편의 표제가 다윗의 시이다. 뒤로 시편 103편의 표제가 다윗의 시이다. 앞과 뒤에 다윗의 시로 둘러 싸여 있다.

7) 따라서 시편 102편이 강조하는 내용은 진정한 시온의 회복을 바라는 자의 삶이 어떠해야 하는가이다.

아무리 새 하늘과 새 땅, 새 예루살렘을 향해서 살아간다고 해도, 한마디로 고난 가운데 사는 우리의 인생이다. 마음이 상하고, 큰 근심으로 괴로운 날들이 있다. 이럴때 어떻게 해야 하는가? 여기에 대한 해답이 바로 시편 102편이다. 오로지 시온의 회복을 바라보면서 소망을 노래하고 있다. 그리고 시편 103편은 '내 영혼아 여호와를 송축하라'라고 한다(시 103:1, 22). 그러면 누가 여호와를 송축해야 하는가? 여호와의 천사들뿐만 아니라, 모든 천군과 모든 피조물까지 여호와의 인자하심을 송축해야 한다는 것이다. 이렇게 송축해야 하는 그 하나님 여호와는 어떠한 분이신가를 말씀하는 것이 시편 104

편이다. 한 마디로 천지를 창조하신 하나님 여호와라는 것이다.

8) 그래서 시편 103편과 104편은 아주 밀접한 관계에 있다.

시편 103:1에서 "내 영혼아 여호와를 송축하라 내 속에 있는 것들아 다 그의 거룩한 이름을 송축하라"라고 했다. 그리고 시편 103:22에서 "여호와의 지으심을 받고 그가 다스리시는 모든 곳에 있는 너희여 여호와를 송축하라 내 영혼아 여호와를 송축하라"라고 했다. '내 영혼아 여호와를 송축하라'라는 말씀으로 수미쌍관(inclusio)를 이루고 있다. 이와 같이 시편 104:1에서도 "내 영혼아 여호와를 송축하라 여호와 나의 하나님이여 주는 심히 위대하시며 존귀와 권위로 옷 입으셨나이다"라고 한다. 그리고 시편 104:35에서도 "죄인들을 땅에서 소멸하시며 악인들을 다시 있지 못하게 하시리로다 내 영혼아 여호와를 송축하라 할렐루야"라고 한다. 역시 '내 영혼아 여호와를 송축하라'는 말씀으로 수미쌍관(inclusio)를 이루고 있다. 그러면서 '할렐루야'로 끝을 맺고 있다. 그래서 시편 104편은 마치 시편 103편의 화답처럼 느껴지고 있다.

1. 여호와를 송축하라

1) 시편 104편은 시편 전체 150편 중에서 표제가 없는 34편의 시 가운데 하나이다. 따라서 시편 104편은 기록자나 기록자의 배경이

나 연주 방식에 대하여 알 수가 없다. 그러나 70인역(LXX)에서는 '다윗에 의한'으로 번역될 수 있는 '토 다위드'란 표제를 제시하고 있어, 다윗의 기록으로 명시하고 있다. 다윗의 시로 제시된 앞선 시편 103편과 동일하게 시편 104편 역시 첫 문구와 마지막 문구가 '내 영혼아 여호와를 송축하라'라는 말씀으로 되어 있기 때문이다.

2) 또한 두 시 모두에 창조주 하나님이시며, 만물을 보존하시는 하나님의 엄위하심에 대한 기록이 많다는 점에서 이러한 주장을 하고 있다. 그럼에도 히브리어 본문에는 기록자에 대한 말씀이 없다. 내용상에는 약간의 공통점이 있으나 더 많은 이질성, 차이점이 존재하고 있는 것도 사실이다. 따라서 시편 104편의 기록자가 누구인지 정확히 알 수 없으나, 하나님의 창조와 보존을 찬양하는 감사 예배시로 보는 것이 적합할 것 같다.

3) 시편 104편은 찬양을 시작하는 송영(시 104:1a)과 찬양으로 끝맺는 송영(시 104:35b)을 앞 뒤에 두고 만유를 지으시고 보존하시는 하나님의 크신 능력과 섭리에 대하여 감사하고 찬양하는 내용으로 되어 있다.

4) 그러면서 '여호와 나의 하나님이여'라고 한다. 여기에 두 개의 신명이 함께 나타나고 있다. '여호와'는 성경에서 보통 하나님께서 하나님의 백성들과 맺으신 언약에 신실하신 분임을 나타낼 때 사용되는 신명이다(출 3:14-15). 그리고 '하나님'은 '엘로힘' 창조주 하나님, 전지하시고 능력이 많으신 하나님을 의미한다. 여기에 1인칭 접미어가 붙어 '엘로하이'가 되어 그 하나님이 나의 하나님이

심을 드러내고 있다. 시인과 아주 친밀한 관계를 나타내고 있다. 이렇게 하나님의 자존자 되심과 창조주 되심과 친밀한 관계로 '여호와 나의 하나님'이심을 말씀하고 있다.

5) '주는 심히 위대하시며'라고 한다. '당신은 심히 광대하십니다'라고 고백하고 있다. 여호와 나의 하나님은 그 힘과 능력과 지혜와 지식이 측량할 수 없을 만큼 위대하시다는 것이다. 또한 여호와 나의 하나님은 어느 한 곳에 제한되거나 시간과 공간에 제한을 받지 않고 모든 곳에 편재하심을 나타내고 있다.

6) '존귀와 권위로 옷 입으셨나이다'라고 한다. '존귀와 위엄'으로 옷 입으셨다는 것이다. 마치 왕이 호화 찬란한 왕복을 입어 자신의 신분을 나타내듯이 여호와 나의 하나님도 왕의 옷을 입은 이미지를 사용하여 존귀와 위엄을 사람들 눈에 분명히 보일 정도로 생생하게 드러내고 있다. 여호와 나의 하나님은 존귀와 위엄으로 둘러싸여 있는 분이라는 것이다.

2. 주께서 빛을 입으시며

1) 드디어 시편 104:2에서 창조 첫째 날에 있었던 사건과 연결되고 있다. 창세기 1:1-5과 깊은 연관성을 가지고 있다. 창조 첫째 날에 하나님께서 빛을 창조하시는 사역과 긴밀한 연관을 가지고 있다.

2) 그런데 하나님께서 빛을 입으셨다고 한다. 하나님은 빛 가운데 계

시며 빛 그 자체와 동일하시다(요일 1:5). 빛 자체가 하나님의 성품과 영광스러움을 의미하지만, 빛을 의복처럼 입고 계신 여호와 나의 하나님께서 빛을 창조하셨다는 것이다. 창조는 다름 아닌 하나님의 빛 되심, 그의 거룩하신 위엄과 영광스러움의 발현이라고 할 수 있다. 하나님이 빛으로 두르고 계시다는 것이다. 이 말씀은 천지 창조의 첫째 날에 '빛이 있으라'고 말씀하시자 그 빛이 생겨났고, 생겨난 그 빛이 지금까지도 계속되고 있다는 것이다.

3) 또한 '하늘을 휘장같이 치시며'라고 한다. 이것은 창세기 1:6-8에서 둘째 날 하늘 혹은 궁창을 만드신 기사에 상응하는 말씀이라고 한다. 그러나 그보다는 둘째 날의 하늘 의미보다, 첫째 날의 빛을 강조하는 하늘 휘장으로 보았으면 한다. 특별히 하늘 휘장을 펼침을 말씀하고 있다. 이것은 마치 인간이 장막을 치고 사는 것처럼(삼하 6:17, 대상 15:1, 16:1), 여호와 나의 하나님이 하늘을 장막으로 만들고 사람들과 격리되어 살고 계시다는 것이다(사 40:22, 슥 12:1). 여기 '휘장'은 주로 성막을 가리킬 때 사용되며, 또한 주의 영광이 나타나는 장소를 암시할 때도 사용되고 있다(출 40:34-35).

4) 빛 되신 하나님께서 하늘 휘장같이 임재하신다는 것이다. 즉 하늘은 여호와 나의 하나님께서 창조주와 구속주로 자신의 영광 가운데 계시는 곳이다. 마치 성막과 성전에 영광스럽게 임재하신 것과 같다.

5) 이제 빛 가운데 자신을 계시하는 분이 어떻게 활동하고, 사역하는지를 말씀하고 있다. 그것도 3번 반복하면서 정관사와 분사를 사

용하면서 여호와 나의 하나님이 어떤 분인지를 강조해 주고 있다.

- 첫째, '그 물에 자기 누각의 들보를 얹으셨다'라고 한다.
- 둘째, '그 구름으로 자기 수레를 삼으시고'라고 한다.
- 셋째, '그 바람 날개로 다니시며'라고 한다.
- 넷째, '불꽃으로 자기 사역자를 삼으시며'라고 한다.

6) 여호와 나의 하나님이 높고 높은 하늘의 장막에서 빛 가운데 영광스럽게 거하시며, 구름과 바람을 타시고 불꽃을 뿌리면서 거니시며 자신을 계시하고 있다. 구름, 바람, 불 등의 이미지를 사용하여 여호와 나의 하나님의 창조의 권능을 보다 생생하게 전달하면서 그 여호와 나의 하나님을 송축해야 한다는 것이다. 구름과 바람과 불꽃을 하나님 자신의 사역의 도구로 삼으시고 통치하시고, 다스리시는 그 여호와 나의 하나님을 송축해야 한다는 것이다.

> **결론** 시편 102편, 103편, 104편은 하나의 단락을 이루고 있다. 아주 밀접하게 연결되어 있다.

1) 먼저 시편 102편은 시편 101편과 연결되어 있다. 시편 101편에서 여호와의 기름 부음을 받은 인간-왕들이 제대로 수행하지 못한 결과로 이스라엘 백성들이 시편 102편에서처럼 바벨론에 끌려가 탄식 속에서 시온의 회복을 노래할 수밖에 없었다는 것이다. 그래서 시편 102편에서는 바벨론의 포로가 된 상태에서 탄식하며 시온의

회복을 간구하는 것이다.

2) 이어지는 시편 103편은 모세 시대로 인도하면서 여호와의 용서하심은 그의 인자하심에 달렸고, 그 인자하심은 율법을 지키고 행하는 경건한 사람들에게 임한다는 것이다. 죄의 용서와 구원이 전적으로 여호와의 인자하심의 크고, 영원함에 달려 있다는 것이다. 그 인자하신 여호와를 송축해야 한다는 것이다.

3) 그리고 시편 104편은 시편 103편과 연결되어 있다. 시편 103편과 시편 104편은 모두 '내 영혼아 여호와를 송축하라'로 시작하고 끝을 맺고 있다(시 103:1, 22, 104:1, 35). 따라서 시편 103편이 여호와의 구속자 되심에 초점이 있다면, 시편 104편은 여호와의 창조자 되심에 초점을 맞추고 있다. 그리고 시편 104편은 창조, 시편 105편은 출애굽, 시편 106편은 광야를 말씀하면서 제1~5권의 시편 중에 제4권을 끝맺고 있다. 이러한 시편 101-106편의 정경적 배열을 도표로 보면 다음과 같다.

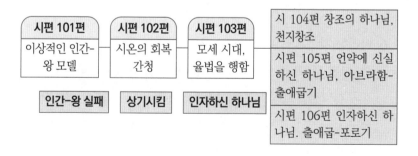

4) 시편 104편은 창세기 1-2장의 하나님의 천지 창조에 대한 피조물인 인간의 화답시라고 할 수 있다. 시편 104편은 창세기의 기사를 일반적인 형태를 따라 기록하고 있다. 그러나 기본적으로 시편 104편은 여호와의 창조를 기록하고 있지만, 그것으로 끝나지 않고 창조 세계를 유지하기 위해서 하나님이 공급하시는 것도 함께 말씀하고 있다. 따라서 시편 104편은 '우주 전체에 생명과 기쁨을 불어넣으시는 하나님의 창조 능력을 찬란하고 생생하게 그려내고 있는 그림'과 같다고 할 수 있다.

5) 이러한 시편 104편은 기록자가 누구인지 밝혀지지 않고 있다. 다만 70인역(LXX)에서는 '다윗의 시'라고 한다. 그것은 103편의 '다윗의 시'와 비슷하기 때문이다. 시편 103:1에서 '내 영혼아 여호와를 송축하라'고 했다. 시편 103:22에서도 '내 영혼아 여호와를 송축하라'라고 하며 수미쌍관(inclusio)을 이루고 있다. 이와 같이 시편 104:1에서도 '내 영혼아 여호와를 송축하라'라고 한다. 그리고 시편 104:35에서 '내 영혼아 여호와를 송축하라 할렐루야'라고 하면서 수미쌍관(inclusio)을 이루고 있어 서로 유사하다.

6) 이러한 시편 104편은 시편 103편과 아주 밀접한 관계를 가지면서, 시편 103편의 일종의 화답이라고도 할 수 있다. 왜 우리가 여호와 하나님을 송축해야 하는가? 도대체 그 이유가 무엇인가에 대해 해답을 주고 있다. 이렇게 시편 103편은 구속자이신 왕께 초점을 맞추고 있다면, 104편은 창조주 왕께 관심을 가지고 있다.

7) 그 중에서 시편 104:1-4은 크게 두 부분으로 나눌 수 있다. 하나는 시편 104:1a로 만물을 지으시고 보존하시는 하나님의 섭리에 대한 찬양을 시작하는 송영으로 '내 영혼아 여호와를 송축하라'라고 촉구하고 있다. 다른 하나는 시편 104:1b-4로 천지 창조의 첫째 날과 관련하여 빛을 입으신 주를 찬양하는 말씀과 창조의 둘째 날과 관련하여 궁창을 조성하신 주를 찬양하는 말씀을 하고 있다.

8) 그러나 빛을 강조하고 있다. 그러니 천지 창조의 둘째 날보다는 첫째 날과 아주 밀접하게 연결되어 있다. 하늘 휘장 즉 성막과 성전에, 온 세상의 지성소에 영광으로 임재하시는 여호와 나의 하나님을 찬양해야 한다. 그것도 사역의 도구로 구름과 바람과 불꽃으로 세상을 통치하시고, 다스리시는 여호와 나의 하나님을 찬양해야 한다.

주께서는 땅의 기초를 굳게 세우셔서 그것이 요동하지 않게 하셨습니다.

Who laid the foundations of the earth, that it should not be removed for ever.

시편 104:5

10

주께서

주께서

서론 시편 102-104편은 하나의 단락을 구성하고 있다. 계속해서 말하지만, 시편 102-104편은 성경 전체의 중심절의 단락을 이루고 있다. 그 중에 중심인 시편 103편에 대해서 스펄전은 '한 권의 성경'이라고 했다. 포괄적 진리를 담고 있다고 했다. 또한 시편 103편은 총 절수가 히브리어 알파벳과 같은 22절로 되어 있다. 따라서 시편 103편은 시편 102편과 밀접하게 연결되어 있고, 또 시편 104편과도 밀접하게 연결되어 있다.

1) 그 중에서도 시편 103편과 시편 104편은 아주 밀접한 관계를 가지고 있다.

그것도 언어적으로 주제적으로 깊은 연관성을 가지고 있다. 그래서 시편 103편과 시편 104편은 '한 쌍의 시편'으로 볼 수 있다. 두 시편은 각각 '내 영혼아 여호와를 송축하라'라는 말씀으로 수미쌍관(inclusio)을 이루고 있다(시 103:1, 22, 104:1, 35). 이러한 구절은 특이하게도 구약성경에서 오직 이곳에만 나타나고 있다.

2) 또한 시편 103:22에서 '여호와의 지으심을 받고 그가 다스리시는 모든 곳에 있는 너희여…'라고 말씀했는데, 시편 104편에서 '천상, 하늘, 땅, 골짜기, 바다에 모든 자들로…'라고 구체적으로 말씀하고 있다는 사실이다.

어휘의 차원에서 볼 때 '바람'(시 103:16, 104:3, 4, 29, 30)과 '먼지(진토)'(시 103:14, 104:29)가 두 시편에 함께 나타나고 있다는 점도 매우 특이하다고 할 수 있다. 즉 인간은 하나님의 도움 없이는 살 수 없는 유한하고 연약한 존재라는 것이다. 무엇보다도 주제에 있어서 '하늘에 보좌를 세우신 하나님'(시 103:19, 104:1-4), '새롭게 하시는 하나님'(시 103:5, 104:30), '은총으로 돌보시는 하나님'(시 103:13-16, 104:15, 27-29)이 공통적으로 나타나고 있다.

3) 그러나 여호와 하나님의 왕권을 역사 속에서 기억하는 시편 103편과 달리, 시편 104편은 창조 질서를 보존하심을 송축하고 있다.

다시 말하면 시편 103편은 구속자이신 왕께 초점을 맞추고 있다면, 시편 104편은 창조주 왕께 관심을 가지고 있다.

4) 그러면서 시편 104편에서 우주의 창조에 대한 찬양을 마친 후, 시편 105-106편에서 아브라함 언약과 그 이후의 역사를 기록하면서 시편 제4권을 마무리 하고 있다.

좀 더 구체적으로 말하면, 시편 105편은 아브라함에서부터 출애굽까지를 말씀하면서 언약에 신실하신 하나님, 시편 106편은 출애굽의 광야에서 포로기까지를 말씀하면서 인자하신 하나님에 대해 말씀하고 있다. 그 하나님께 감사하고, 찬양하라는 것이다. 그리고 '할렐루야'(시 104:35, 105:45, 106:1, 48), '아멘 할렐루야'(시 106:48)로 시편 제4권을 끝마치고 있다. 따라서 시편 104편은 시편 103편과 아주 밀접한 관계를 가지면서, 시편 103편의 일종의 화답이라고도 할 수 있다.

5) 또한 시편 104편은 창세기 1-2장과도 아주 밀접하게 연결되어 있다.

그러나 창세기 1-2장과 비슷하지만 전혀 다른 차이점도 가지고 있다. 창세기 1-2장은 창조의 선언과 창조의 내용으로 천지 창조의 7일을 말씀하고 있다. 하나님이 천지를 창조하셨다는 것이다. 그것도 말씀으로 창조하셨고, 말씀하신 그대로 되었고, 하나님 보시기에 좋았다는 것이다. 그러나 시편 104편은 7일간 창조를 말씀하지만, 창조의 내용보다는 창조하신 하나님 자체의 본질, 속성을 강조하면서 여호와 하나님을 나의 하나님으로 송축하라는 것이다. 그것도 내 영혼이 하나님을 찬양해야 한다는 것이다. 무엇을 찬양해야 하는가? 나의 하나님의 심히 위대하심을 찬양해야 한다. 존귀와 권위로 옷을 입으신 왕 되신 나의 하나님을 찬양해야 한다는 것이다.

6) 이렇게 하나님을 송축함에는 창세기 1-2장과 차이점이 있음에도 불구하고, 창세기 1-2장과 구조는 아주 밀접하게 연관성을

가지고, 창조주 하나님을 찬양하고 있다.

창세기 1-2장과 시편 104편이 모두 우주의 창조주를 소개 하는 서문(창 1:1, 시 104:1)으로 시작하여, 창조계에 나타난 하나님의 영광을 노래하는 송영(창 1:31, 시 104:30-35)으로 마치고 있다는 것이다. 또한 서문과 송영 사이에 창조의 첫째 날의 '빛'(창 1:3-5, 시 104:2-4), 둘째 날의 '물과 궁창'(창 1:6-8, 시 104:5-9), 셋째 날의 '땅과 채소'(창 1:9-13, 시 104:10-18), 넷째 날의 '두 광명'(창 1:14-19, 시 104:19-24), 다섯째 날의 '어족과 큰 물고기와 조류'(창 1:20-23, 시 104:26, 시 104:12), 여섯째 날의 '동물과 사람'(창 1:24-30, 시 104:27-29)이 서로 평행을 이루고 있다. 끝으로 일곱째 날, 창세기에서 영원한 하나님의 영광을 의미하는 하나님의 안식이 시편 104편에서는 시인의 지속적인 예배 행위로 나타나고 있다(창 2:1-3, 시 104:30-35).

7) 이러한 관점에서 볼 때, 창세기의 창조 기사와 시편 104편의 찬양 사이에는 밀접한 구조적 유사성이 있음을 부인할 수 없다.

그렇지만 창세기 1장은 '토라'(율법서)에서 하나님이 누구인지 가르치는데 목적이 있지만, 시편 104편은 '시가서'라서 창조주 하나님의 지혜와 은총을 높이고 찬양하는데 그 목적이 있다. 따라서 창세기 1장은 하나님의 관점에서 말씀하고, 시편 104편은 사람의 눈으로 땅에선 사람이 보는 세계를 비추어 주고 있다.

8) 시편 104:1-4은 창세기 1:1-5의 천지 창조 첫째 날과 아주 밀접하게 연결되어 있다.

또 시편 104:5-9은 창세기 1:6-8에서 천지 창조의 둘째 날과 아주 밀접하게 연결되어 있다. 물론 천지 창조의 셋째 날에 천하의 물이 한 곳으로 모이고, 뭍이 드러나게 하니 그 뭍을 땅, 모인 물을 바다라고 부르셨다고 했다. 그래서 셋째 날과 연관성을 가진다고 생각할 수 있지만 둘째 날과 연관성을 가지고 있다. 그러면서 시편 104:1에서는 '여호와 나의 하나님이여'라고 했는데, 이제 시편 104:6-9에서는 계속 '당신께서' 즉 '주께서'라고 한다. 주께서 거하시는 천상의 궁궐이 천상의 물을 정복하고 견고하게 서있는 것처럼, 이 세상의 땅도 든든한 기초 위에 세워졌다는 것이다.

1. 주께서 땅을 깊은 바다에 덮으시매

1) 104:2-3에서 주께서 거하시는 천상의 궁궐이 천상의 물을 정복하고 견고하게 서 있는 것처럼, 104:5에서 이 세상의 땅도 든든한 기초 위에 세워졌다는 것이다. 땅의 기초를 세우신 하나님을 찬양하고 있다. 여기 '세웠다'는 말씀은 완료 동사로 기초 공사가 완전히 끝났음을 의미한다. '땅이 영원토록 흔들리지 않게 하셨다'(미완료)는 것이다. 그 결과 '땅의 기초가 완성되었기 때문에, 어떤 일이 있어도 장차 그 기초가 무너지지 않을 것'을 강조하고 있다. 주께서

땅을 지으시고 그것을 요동치 않게 하신 것을 찬양하고 있다. 주께서 기초들 위에 땅을 세우셨다는 것이다.

2) 그 위에 바다와 육지가 있다는 것이다. 이를 통해서 하나님이 창조하신 땅이 얼마나 견고한 것인지를 시적으로 표현하고 있다. 이것을 신학적으로 말한다면 주께서 혼돈의 바다를 정복하시고, 땅을 완전히 드러내신 것이다(시 24:2). 그래서 땅의 기초는 영원히 요동하지 않을 것이다. 이 땅이 영원히 견고하게 선 것은 창조주 하나님의 능력을 증거해 주고 있다(시 93:1, 96:10). 따라서 견고하고 완전한 땅, 흔들림이나 요동이 없는 땅의 창조를 들어 하나님의 창조의 완전성과 견고성을 찬양하고 있다. 특별히 솔로몬의 성전에 있는 '놋 바다'는 태고의 혼돈의 바다를 상징하며, 하나님께서 여전히 이 세력을 다스리고 있음을 증거해 주고 있다.

3) 시편 104:6을 다시 읽어보면 옷으로 덮음같이 땅을 바다로 덮으셨다는 것이다. 그 산들 위에 물이 섰다고 한다. 천지 창조에 있어서 바다와 육지를 나누기 전에 '땅을 바다로 덮으시매'라고 한다. 땅과 바다가 구분되지 않고 뭍이 드러나기 전 궁창 아래 물로 땅이 덮여 있을 당시의 모습을 말씀하고 있다. 여기 '바다' 즉 '테홈'은 바다라는 의미보다, 깊음, 심연, 원천이라는 의미이다. 땅이 물 속에 깊이 잠겨 있는 것처럼 기록하고 있다. 그런데 현재의 상태 즉 바다 위로 뭍이 드러난 상태가 바로 하나님의 능력에 의한 것을 말씀하고 있다. 그래서 물이 산들 위에 섰다는 것이다. 과거 땅과 바다가 나뉘기 전에 땅이 깊은 물 속에 덮여 있었지만, 산들까지도

덮어 버린 상태였다는 것이다. 하지만 이제 산들이 물 위에 섰다는 것이다. 바다 위에 땅이 존재하게 되었다는 것이다.

4) 시편 104:5-6에서는 주어가 무엇이냐가 중요한 문제이다. 주께서 그것을 덮었다는 것이다. 물이 땅을 덮었다는 것이 아니라, 주께서 물로 땅을 덮고 있었다는 것이다. 다시 말하면, 태초에 태고의 홍수인 바다 혹은 깊음이 온 땅을 뒤덮고 있었다(창 1:2). 그러나 시편 기자는 이것을 주께서 하신 일이라는 것이다. 그리고 '물이 산들 위로 솟아 올랐다'고 한다. 태초에 땅이 물 가운데 뒤덮여 있을 때, 이 세상에서 가장 높은 산들조차 바다 속에 감추어져 있었다 (창 7:20). 현재 사람들이 살고 있는 땅이 아직도 혼돈의 바다에 갇혀 있을 때, 주께서 혼돈의 세력을 대표하는 바다를 꾸짖자, 바다가 도망을 치면서 물러가듯이 산들이 위로 솟아 올랐다는 것이다. 무에서 유를 창조하시고, 혼돈에서 질서를 창조하셨다는 것이다. 모든 것이 각자의 위치에 정확하게 있게 하셨다. 이러한 것이 주의 전능하신 능력에 의해서 이루어진 것이다.

2. 주께서 꾸짖으시니 물은 도망하며

1) 시편 104:7에서 주께서 꾸짖었다는 것이다. 당신이 비난을 했다는 것이다. 책망하고 꾸짖었다는 것이다. 그랬더니 도망했다는 것이다. 줄행랑을 쳤다는 것이다. 이러한 말씀은 산들 위에 덮여 한동

안 서 있던 물이 빠져 나가는 모습이다. 얼마 동안 땅과 바다가 구분되지 않았고, 궁창 아래의 지면이 물로 뒤덮여 있던 상황이 종식되는 장면이다. 하나님이 천하의 물을 한 곳으로 모이게 하시고 뭍이 드러나게 하신 장면이다. 시인은 하나님의 명령에 따라 땅을 뒤덮고 있던 엄청난 세력의 물이 도망치듯 속히 물러나는 모습을 통해 천지 창조 역사에 나타난 하나님의 능력을 보다 생생하게 강조하여 전달해 주고 있다. 그러면서 더 박진감 넘치게 점층적 강화를 하면서, '주의 우렛소리를 인하여 빨리 가며'라고 한다. 우렛소리는 인간에게 가장 두려운 소리로, 갑자기 놀라 뛰어 급히 도망하는 모습이다. 우렛소리에 놀라 어쩔 줄 몰라 황급히 피하는 듯한 모습으로 여호와 나의 하나님의 명령과 말씀의 역사가 얼마나 극명하게 나타나는지를 보다 선명하게 나타내고 있다.

2) 이어서 시편 104:8의 후반부에는 각주 번호가 붙어 있다. 난외주기로 가면 '물이 산으로 올라가고 골짜기로 내림이여 그를 위하여 정하신 곳에 이르도다'라고 적혀 있다. 원문에는 우리말 성경과 순서가 바뀌어 있다. '그것들이 산 위로 오르고 골짜기로 내려가 주께서 정하신 곳까지 이르렀다'라고 한다. 이것은 산과 골짜기가 형성되는 과정을 말씀하는 것이 아니라, 앞에서 말한 물, 즉 땅을 덮고 산들 위에까지 섰던 물들이 산이나 골짜기에 흐르는 장면을 묘사하고 있는 것이다. 산과 골짜기의 침하 현상을 말하는 것이 아니라, 물의 운동과 이동을 말하는 것이라고 할 수 있다. 그래서 물들이 하나님이 정하신 처소에 이르고, 산과 골짜기가 형체를 갖추고

있다. 하나님이 그것들을 위해서 확립하여 정해 놓으신 것이다. 여호와께서 물들을 위한 기초를 이미 다 다져 놓으셨다. 그곳으로 흘러 들어간 물들이 호수와 바다와 대양을 이루게 된 것이다. 그런 곳에 있는 물들이 육지로 넘치지 않는 것 역시 여호와 나의 하나님께서 그 능력의 말씀으로 그것들 즉 물들을 붙들고 계시기 때문이다.

3) 시편 104:9을 보면, 물들은 육지의 우묵한 곳에 들어 있어서 밖으로 넘치거나 쏟아질 염려가 전혀 없어 보인다. 그러나 어느 누구도 통제할 수 없는 큰 파괴력을 가진 물이다. 특히 바닷물이 육지에 밀려온다면 어느 누구도 그것을 막을 능력이 없다. 그 바다 물결이 거세게 일어나 육지를 침노하려 하지만 그러한 시도는 실패로 돌아간다. 왜냐하면 주께서, 당신께서 물의 경계를 정하여 넘치지 못하게 하셨기 때문이다. 다시 돌아와 땅을 덮지 못하게 하셨기 때문이다. 여호와 나의 하나님께서 물을 통제하심으로써, 그 물이 육지에 밀려와 인간에게 해를 끼치지 않도록 돌보시기 때문이다. 물이 그 자리에 안정되게 머물러 있는 것은 여호와께서 그 능력의 말씀으로 만물을 붙들고 계시기 때문이다. 그 섭리적 권능으로 물을 통제하심을 보다 생생하게 전달해 주고 있다. 따라서 하나님의 창조의 능력과 섭리를 믿음의 눈으로 받아 들여야 한다.

> **결론** 시편 103편과 시편 104편은 '한 쌍의 시'이다. 왜냐하면 시편 103:1에서 '내 영혼아 여호와를 송축하라'로 시작했다. 그리고 시편 103:22에서 '내 영혼아 여호와를 송축하라'로 끝을 맺고 있다. 서로 수미쌍관(inclusio)을 이루고 있다. 그런데 시편 104편도 시편 103편과 같이 104:1에서 '내 영혼아 여호와를 송축하라'로 시작하고 있다. 그리고 시편 104:35에서 '내 영혼아 여호와를 송축하라 할렐루야'로 끝을 맺고 있다. 서로 수미쌍관(inclusio)을 이루면서 통일성을 나타내고 있다.

1) 그러면서 시편 104편은 시편 103편과 아주 밀접한 관계를 가지면서, 시편 103편의 일종의 화답이라고도 할 수 있다. '내 영혼아 여호와를 송축하라' 왜 우리가 여호와 하나님을 송축해야 하는가? 도대체 그 이유가 무엇인가? 어떤 하나님이시기에 그 여호와 하나님을 송축하면서 살아야 하는가에 대해 해답을 주고 있는 것이 시편 104편이라는 것이다. 그것은 한마디로 창조주 하나님이시기 때문이라는 것이다. 지금도 여전히 살아 계신 하나님이시라는 것이다.

2) 이렇게 시편 104편은 창조주 하나님이라는 사실을 총 7연으로 나누어 말씀하고 있다. 그것도 창세기 1-2장의 천지 창조 7일과 아주 밀접하게 연결시키고 있다. 이것을 다음과 같이 나누어 볼 수 있다.

   - 첫째 날, 빛과 하늘의 창조에 나타난 하나님(시 104:1-4, 창 1:3-5)

- 둘째 날, 물의 정복과 땅을 세우신 하나님(시 104:5-9, 창 1:6-8)
- 셋째 날, 땅에 식물을 주시는 하나님(시 104:10-18, 창 1:9-13)
- 넷째 날, 해와 달을 만드신 하나님(시 104:19-23, 창 1:14-19)
- 다섯째 날, 바다를 다스리는 하나님(시 104:24-26, 창 1:20-23)
- 여섯째 날, 모든 생물을 돌보시는 하나님(시 104:27-30, 창 1:24-30)
- 일곱째 날, 영원한 하나님의 영광(시 104:31-35, 창 2:1-3)

3) 하지만 시편 104편은 창세기 1-2장을 구조적으로 따르지만, 내용적으로는 따르지 않는다. 서로 차이점이 분명히 드러나고 있다. 시편 104:1-4과 창세기 1:1-5은 아주 밀접하게 연결되어 있다. 하지만 창세기 1:1-5에서는 태초에 하나님이 천지를 창조하셨다고 한다. 창조의 시작을 선언으로 알리고 있다. 이어서 하나님의 영은 수면 위에 운행하셨다고 한다. 창조 이전의 상태로 땅이 혼돈하고 공허하며 흑암이 깊음 위에 있었던 세상의 모습을 말씀한다. 그리고 바로 그 창조주 하나님, 질서의 하나님께서 첫째 날 '빛이 있으라' 하시면서 빛을 창조하셨다. 그리고 그 빛을 보시니 하나님 보시기에 좋았다고 하셨다. 하나님이 빛과 어둠을 나누사 빛을 낮이라고 하고, 어둠을 밤이라고 부르셨다. 창세기에서는 하나님의 창조 선언에 세상이 순종하는 것과 '보시기에 좋았다'라는 평가를 말씀하고 있다. 그러면서 하나님이 빛과 어둠을 나누고, 그 빛을 낮이라고 하고, 어둠을 밤이라고 했다는 사실을 강조하면서 하나님의 절대 소유권, 절대 주권, 통치권을 강조하고 있다. 낮도 하나님이 주관하시고, 밤도 하나님이 주관하신다는 것이다.

4) 그러나 시편 104:1-4에서는 이러한 말씀이 없다. 창세기 1:1-5의 말씀과 달리 창조의 선언과 창조의 내용을 전혀 언급하지 않고 있다. 단지 빛을 창조하신 하나님의 위대하심, 존귀와 권위로 옷 입으신 왕 되신 하나님을 강조하고 있다. 그래서 시편 104편이 강조하는 것은 '주께서 빛을 입으시며 하늘을 휘장같이 치시며'라고 한다. 하늘 즉 성막과 성전에 임재하시는 하나님을 강조하고 있다. 가시적인 하나님의 영광스러운 임재를 말씀하고 있다. 뿐만 아니라, 물에 자기 누각의 들보를 얹으시며, 구름으로 자기 수레를 삼으시고, 바람 날개로 다니시며, 바람으로 자기 사신을 삼으시고, 불꽃으로 자기 사역자를 삼으심을 강조하고 있다. 영광 가운데 임재하시는 하나님께서 물과 구름과 바람과 불꽃으로 역사하시면서 하나님이 창조하신 세상을 통치하시고, 다스리심을 강조하고 있다. 왕으로 통치하시는 분이심을 밝히고 있다. 따라서 첫째 날 빛을 창조하신 하나님이 빛을 입으셨다면서, 하나님의 능력과 위대하심을 말씀하고 있다. 창조주가 되시면서, 왕으로 통치하시는 분이시면서, 지금도 여전히 살아 계신 하나님이 '여호와 나의 하나님'이라고 고백하고 있다.

5) 이제 시편 104:5-9과 창세기 1:6-8은 아주 밀접하게 연결되어 있다. 하지만 창세기 1:6-8에서는 하나님께서 '궁창이 있으라'라고 하시면서 궁창 위의 물과 궁창 아래 물을 나누고 있다. 궁창으로 물과 물을 나누고 있다. 첫째 날은 빛과 어둠, 낮과 밤을 완전한 대조를 통해서 나누면서 구별했다. 그러나 둘째 날은 동일한 물 가운

데 궁창을 만들어 물과 물로 나누었다. 궁창 위의 물과 궁창 아래의 물로 나누었다. 하나님이 궁창을 하늘이라고 부르셨다. 이것은 만물의 주권이 하나님께 있음을 말씀하고 있다. 하늘의 위에 있는 물을 따라 만물의 생(生과) 사(死)가 결정되는 것이다. 그러면서 첫째 날과 다르게 둘째 날에는 '하나님이 보시기에 좋았다'라는 말씀이 없다. 그러나 첫째 날에는 '빛이 있었다'라고 했지만, 둘째 날에는 처음으로 '그대로 되니라'라는 말씀을 하고 있다. 하나님의 말씀 그대로 된다는 것이다. 궁창 위의 물과 궁창 아래의 물로 그대로 나누어지더라는 것이다. 이것은 출애굽한 이스라엘 백성들이 둘로 나누어진다는 것이다. 구별이 아니라, 차별, 다르다는 것이다. 하나님의 보좌가 있는 하늘을 쳐다보면서 살아가는 자와 세상 것을 추구하면서 땅을 쳐다보면서 살아가는 자로 나누어 진다는 것이다. 하나님의 절대적 주권에 맡기면서 살아가는 사람과 그렇지 않는 사람이 있다는 것이다.

6) 하지만 시편 104편은 전혀 그러한 것을 말씀하지 않는다. 창세기 1:6-8의 말씀과 달리 땅의 기초를 놓으시는 하나님, 영원히 흔들리지 않게 하시는 하나님, 물을 정복하시는 하나님을 말씀하고 있다. 땅의 기초 위에 세우셨다고 하시면서 마치 땅이 성전이나 성들과 같이 기초와 기둥을 가지고 있는 것으로 시적 비유로 말씀하고 있다. 이렇게 주께서 마치 건물을 견고한 기초 위에 세운 것과 같이 땅을 영원히 요동치 않게 창조하신 것이다. 특별히 주께서 '꾸짖으시니' 물이 도망을 가면서 산은 오르고, 골짜기는 내려가게 되

었다는 것이다. 땅과 바다가 분리된 것은 하나님께서 '꾸짖으시니' 명령대로 이루어졌다는 것이다. 여기 '꾸짖으시니'는 창세기에서 사용된 명령보다 더 강한 것이다. 물이 자기의 위치로 도망치듯이 물러갔다는 것이다. 꾸짖으시니 그렇게 혼돈스러운 물이 물러갔다는 것이다. 절대 주권자이신 주께서 꾸짖음이라는 강력한 명령으로 물을 흩어 저장하는 장소로 보내셨다는 것이다. 주께서 명령하시는 꾸짖음 한마디로 모든 것이 그대로 되어지는 것이다. 예수님께서도 귀신을 꾸짖으시니 그대로 떠나갔다. 그러므로 주께서 말씀하시는 대로 그대로 순종해야 한다. 왜냐하면 그대로 되어지기 때문이다.

7) 그러면서 하나님은 물의 경계를 정하여서 주신 곳으로 흘러가게 하고, 넘치지 못하게 하셨다는 것이다. 주께서 물의 경계를 한번 정하시자 다시 땅을 덮지 않게 되었다는 것이다. 땅과 바다를 나누시고, 물이 하나님께서 정한 장소에 있게 하셨다. 주께서 그 경계를 정하여 창조하신 것이다(욥 38:10-11, 잠 8:29, 렘 5:22). 그러니 주께서 정하여 주신 코스대로 살아야 한다. 왜냐하면 정하신 그대로 되기 때문이다. 아무리 발버둥쳐도 소용이 없다. 한계를 정하시면 정하신 그대로 되어지는 것이다. 그러므로 주께서 정하여 주신 그대로 살아야 한다.

그가 골짜기에서 샘물이 솟아나와 산 사이로 흐르게 하셔서
He sendeth the springs into the valleys, which run among the hills.
시편 104:10

11

여호와께서 (I)

11 여호와께서 (I)

성경 : 시편 104 : 10 - 18

> **서론** 시편 104편은 창세기 1-2장의 천지 창조와 아주 밀접하게 연결되어 있다. 창세기 1-2장과 시편 104편이 모두 우주의 창조주를 소개하는 서문(창 1:1, 시 104:1)으로 시작하여, 창조계에 나타난 하나님의 영광을 노래하는 송영(창 1:31, 시 104:30-35)으로 마치고 있다. 또한 서문과 송영 사이에 창조의 첫째 날의 '빛'(창 1:3-5, 시 104:2-4), 둘째 날의 '물과 궁창'(창 1:6-8, 시 104:5-9), 셋째 날의 '땅과 채소'(창 1:9-13, 시 104:10-18), 넷째 날의 '두 광명'(창 1:14-19, 시 104:19-24), 다섯째 날의 '어족과 큰 물고기와 조류'(창 1:20-23, 시 104:26, 104:12), 여섯째 날의 '동물과 사람'(창 1:24-30, 시 104:27-29)이 서로 평행을 이루고 있다. 끝으로 일곱째 날, 창세기에서 영원한 하나님의 영광을 의미하는 하나님의 안식이 시편 104편에서는 시인의 지속적인 예배 행위로 나타나고 있다(창 2:1-3, 시 104:30-35). 그래서 천지 창조가 7일간 이루어진 것과 같이 시편 104편이 7연으로 이루어져 있다.

1) 첫 번째, 시편 104:1-4은 창세기 1:1-5의 천지 창조 첫째 날과 아주 밀접하게 연결되어 있다.

   첫째 날 빛의 창조와 연결되어 여호와 나의 하나님을 찬양하고 있다. 그런데 어떤 사람들은 시편 104:2의 '하늘을 휘장같이'라는 말씀 때문에 천지 창조의 둘째 날에 궁창 위의 물과 궁창 아래의 물을 나누신 일을 찬양하는 내용이라고 한다. 창세기 1:6-8과 관련이 있다고 한다. 그러나 자세히 보면 빛을 강조하고 있다. 그러니 천지 창조의 둘째 날보다는 첫째 날과 아주 밀접하게 연결되어 있다. 그 이유는 시편 104:2의 '하늘을 휘장같이 치시며'라는 말씀을 통해서 성막과 성전에 비유하여 하나님이 영광으로 거주하시는 곳을 의미하고 있기 때문이다. 이렇게 창세기 1:1-5과 연결되면서, 첫째 날에 빛을 창조하신 하나님이 빛을 입으시고 왕으로 세상을 통치하고 계시다는 것이다. 지금도 여전히 살아 계신 여호와 하나님이시라는 것이다. 그 여호와 나의 하나님을 찬양하고 있다.

2) 두 번째, 시편 104:5-9은 창세기 1:6-8과 연결되면서, 둘째 날 나누신 궁창 위의 물과 궁창 아래의 물을 다스리고 통치하고 계시다는 것이다.

물론 시편 104:5-9에서 시인은 창조 셋째 날 하나님께서 땅의 기초를 세우신 사실을 찬양하고 있다. 그러나 창세기 1:9-13의 창조 셋째 날보다는 창세기 1:6-8의 창조 둘째 날과 더 밀접하게 연결되어 있다. 시편 104:5-9은 창세기 1:6-8에서 궁창 위의 물과 궁창 아래의 물을 나누신 일과 연결하여 여호와 나의 하나님을 찬양하고 있다. 따라서 천지 창조의 셋째 날보다는 둘째 날과 아주 밀접하게 연결되어 있다. 왜냐하면 '물'을 강조하고 있기 때문이다. 여호와 나의 하나님 곧 주께서 어떻게 하시고 계시는가? 주께서 물을 붙잡고 계시다는 것이다. 그래서 땅이 요동하지 않는다는 것이다. 주께서 물을 꾸짖으시니 꾸짖은 그대로 되더라는 것이다. 그래서 주의 말씀에 순종해야 한다는 것이다. 주께서 물의 경계를 정하여 준 곳으로 흐른다는 것이다. 그래서 주의 뜻대로, 성령의 인도를 따라 살아가야 한다는 것이다.

3) 이제 시편 104:10-18에서는 지상의 생물들이 생활할 수 있는 터전을 마련하시고 땅에 식물을 창조하신 사실을 찬양하고 있다.

이 말씀은 창세기 1:9-13의 셋째 날과 밀접하게 연결되어 있다. 셋째 날은 땅과 바다와 식물을 창조하셨다. 땅으로 하여금 각기 종류대로 씨 가진 열매 맺는 나무를 내라고 하니 그대로 되어 하나님 보시기에 좋았더라고 말씀하고 있다.

4) 이제 시인은 땅에 기초를 놓으시고(시 104:5), 그 땅에 식물을 주시는 하나님을 찬양하고 있다.

특별히 시인은 식물 성장의 필수 요소인 물을, 여호와께서 통제하시는 샘을 골짜기에서 솟아나게 하시고 산 사이에 흐르게 하사 땅을 적시고 생물들이 살아갈 터전을 마련하신 사실을 노래하고 있다. 이 모든 일을 여호와께서 행하신다는 사실을 깨닫고, 노래하고 있다.

1. 샘을 골짜기에서 솟아나게 하시고

1) 시편 104:10에서 주어는 '여호와께서'이다. 그리고 '샘'과 '골짜기'에 해당하는 단어가 복수형으로 되어 있다. 여러 골짜기들에 많은 샘들이 솟아나게 하신다는 사실을 강조하고 있다. 여기 '솟아나게 하시고'라는 말씀은 밖으로 내보내거나 내던지는 것을 의미한다(창 3:23, 8:7). 따라서 여호와께서 골짜기 내부에서부터 샘물을 강하게 밖으로 밀어내신다는 의미이다. 자연의 원리를 따르면, 물은 위에서 낮은 곳으로 흐르게 마련이다. 그러나 샘만큼은 낮은 곳에서 높은 곳으로 솟구쳐 나오고 있다. 낮은 곳에서 위로 올라오게 하고 있다.

2) 누가 그렇게 하시는가? 여호와께서 그렇게 행하신다. 또한 '산 사이에 흐르게 하사'라고 한다. 높은 곳에서 아래로 흘러내리는데, 오늘 본문의 강조는 낮은 곳에서 위로 솟아나서, 그 물이 산 사이에 흐르게 하고 있다. 이것 역시 누가 그렇게 하시는가? 여호와께서 그렇게 행하신다. 이렇게 여호와께서 샘들이 골짜기에 솟아나게 하시고, 산 사이에 흐르게 하셨다. 이러한 샘물과 산중이나 골짜기에서 흐르는 셀 수 없이 많은 물들은 사람들과 동식물들, 육안으로 보이지 않는 미생물에 이르기까지 모든 생물들이 생육하고 번성할 수 있는 조건이라 할 수 있다. 이는 하나님이 지은 만물에 대한 하나님의 섬세한 돌보심 곧 그분의 자애로우심을 반영하는 결과라고 할 수 있다.

3) 이렇게 여호와께서 골짜기에 솟아나게 하시는 샘물이 산과 들에 사는 모든 생물에게 직접적 도움을 준다는 것이다. 그래서 시편 104:11의 각종 들짐승이란 모든 생물이라는 의미이다. 왜냐하면 우리말 성경의 들짐승은 살아 있는 생물을 의미하기 때문이다(창 1:28). 따라서 하나님이 창조하신 환경 속에서 모든 생물들이 삶을 누리게 되었다는 것이다. 모든 생물들에게 물을 마시게 할 뿐만 아니라, '들나귀들도 해갈하며'라고 한다. 여기 들나귀는 집에서 사육되는 나귀가 아닌, 야생에서 자유롭게 살아가는 나귀들을 의미한다. 시인은 집에서 사육되는 나귀에게는 인간이 물을 공급하지만 돌보는 사람이 없는 들나귀들의 갈증을 해소하고 목을 축이게 하는 분은 여호와 하나님이라는 사실을 말하고 있다. 이것은 모든 생물들에게 필요한 삶의 여건을 허락하신 하나님의 보존의 섭리를 보여주고 있다.

4) 그리고 시편 104:12에서 하나님의 창조로 물들이 산과 골짜기에 두루 흐름으로 인해 빚어진 결과를 계속 말씀하고 있다. 앞서 시편 104:11에서 모든 짐승 그리고 황폐하고 음산한 곳에 거처를 둔 들나귀조차 해갈하게 되었다고 했다. 이제 땅에서 공중으로 시선을 옮기고 있다. 공중의 크고 작은 새들까지 물가 즉 샘과 시내 곁 나뭇가지 사이에 둥지를 틀고 깃들이는 장면, 그리고 거기서 평화로이 노래하는 장면을 기록하고 있다. 하나님의 창조의 완전함을 이제 구체적으로 느낄 수 있게 하고 있다. 이러한 말씀은 그 내용이 서정적일 뿐 아니라, 시편 104:5-9에서 비교해 볼때, 신비로움까

지 느껴지게 한다. 다시 말해 시편 104:5-9은 하나님께서 궁창 아래의 물, 즉 온 땅을 뒤덮고 산들 위에까지 서있던 물을 물러가게 하사 거대한 바다를 형성케 하고 그것에 경계를 정하시는 역사를 이루시는 모습을 통해 하나님의 위대한 창조를 노래했다. 하지만 이제 그 하나님께서 동일한 물로 산과 골짜기의 샘과 시내를 형성케 하사 그것으로 크고 작은 동식물이 물을 공급받게 하시고 있다. 하늘을 나는 새들도 깃들이고 목을 축일 수 있도록 역사하고 있다. 이러한 말씀을 통해 하나님의 원대하심과 세심한 돌보심을 생생하게 느낄 수 있게 하고 있다.

5) 더 나아가서 공중의 새들이 여호와께서 주신 자연의 혜택을 누리면서 만족하여 지저귀는 모습을 말씀하고 있다. 여기 '나뭇가지 사이에서 소리를 발하는도다'라는 말씀에서 상대방에게 무언가를 주는 것을 의미한다. 새의 지저귐을 마치 새들이 하나님께 찬양을 돌려드리는 듯한 느낌을 받게 하고 있다. 시인은 새의 지저귐을 통해서 자신들에게 풍족한 혜택을 베푸신 여호와께 아름다운 지저귐으로 찬미를 드리는 듯한 느낌을 받도록 하고 있다. 이렇게 공중의 새들이 물가에서 깃들이며 나뭇가지 사이에서 소리를 발하고 있다. 천지 창조의 에덴의 모습이다. 아담과 하와가 타락하기 이전의 모습을 말씀하고 있다. 여호와께서 주신 샘이 솟아나고 흐르니까 짐승들이 마시고, 해갈하며, 공중의 새들까지 풍족한 혜택을 누리게 된 것을 말씀하고 있다.

2. 산에서 물을 부어 주시니

1) 이제 시편 104:13에서는 여호와께서 그의 누각에서부터 산들에게 물을 주신다는 것이다. 여기 '누각'이라는 말은 높은 곳의 다락방을 의미한다. 하나님께서 계신다고 믿어지는 하늘을 말씀한다고 할 수 있다. 따라서 여호와께서 거하시는 높은 곳에서부터 산에 물을 주신다는 것이다. 하늘에서부터 산에 물을 부어주신다는 것이다. 이러한 말씀은 시편 104:10의 골짜기에서 샘물이 솟아나게 하시는 것과 좋은 대구를 이루고 있다. 하나님은 땅 아래에서부터 샘물을 솟아나게 하실 뿐 아니라, 하늘에서 비를 내리심으로써 이 땅에 살고 있는 생명들에게 조금도 부족함이 없는 환경을 조성해 주신다는 것이다. 땅을 풍족하게 하신다는 것이다. 더할 나위 없는 완벽한 하나님의 은혜를 베풀어 주신다는 것이다. 그래서 그 결과 '주의 행사의 결과가 땅에 풍족하도다'라고 하는 것이다. 하나님께서 하시는 일의 결실로 인해 땅이 만족하다는 것이다. 하나님의 다양하고도 섬세한 섭리와 만물을 향한 돌보심으로 열매가 땅에 풍족하다는 것이다. 이러한 충만한 상태가 일시적인 것이 아니라, 지속적으로 계속되는 것이다. 하나님의 창조와 섭리가 얼마나 완전무결한 것인지를 말씀하고 있다.

2) 이어서 시편 104:14-15은 시편 104:13의 말씀을 보다 구체적으로 서술하고 있다. '그가 주셨다'라는 것이다. 바로 가축을 위한 풀, 사람의 소용을 위한 채소, 땅에서 나는 식물, 사람의 마음을

기쁘게 하는 포도주, 사람의 얼굴을 윤택케 하는 기름, 사람의 마음을 힘있게 하는 양식 등 모두 하나님이 하시는 일의 결과를 보다 구체적으로 말씀하고 있다. 하나님이 하시는 일로 인해 땅에 풍족한 결실이 맺혀지게 되었다는 것이다. 이러한 말씀은 창세기 1:29-30의 말씀을 염두에 두고 말씀한다. 창세기의 기록에 의하면 하나님께서 창조를 마치시고, 셋째 날 창조하신 온갖 채소와 열매 맺는 나무, 풀을 사람과 육축들을 위한 먹을거리로 주셨다고 기록하고 있다. 채소를 자라게 하시고, 먹을 것이 나게 하시고, 힘 있게 하는 양식을 주셨다는 것이다. 그같은 하나님의 행사를 재확인 시켜 주는 것이라 할 수 있다.

3) 그렇다면 여기 시편 104:14의 '사람'은 히브리어로 '하아담'이다. 최초의 인간 아담을 지칭하는 것일 수 있다. 흙으로 만들어진 무가치한 인간을 의미할 수 있다. 그러나 모두 그의 후손이니 모든 사람들을 지칭할 수도 있다. 창세기의 창조 기사와 병행을 이룬다는 점에서 일차적으로 최초의 아담을 지칭할 수 있다. 하지만 아담만 아니라 그 후손 모두를 위해서 먹을거리를 주셨다는 것이다. '그가 주셨다'라는 것이다. 하나님께서 주셨다는 것이다. 그러나 시편 104:15의 '사람'은 히브리어로 '에노쉬'이다. 이 말씀은 영원하고 전능하신 여호와 하나님과 대비되는 인간의 모습, 유한하고, 병약하고 무기력한 인간의 측면을 강조하고 있다. 그러면서 시편 104:15은 여호와 하나님께서는 기본적인 식량을 사람들과 모든 짐승들에게 공급하실 뿐만 아니라, 기본적인 필요 외에도 사람의

삶의 질을 풍요롭게 하는 은총을 내려 주셨다는 것이다. 사람의 마음을 기쁘게 하는 포도주, 사람의 거친 얼굴을 매끄럽게 해주는 화장용 기름, 사람의 마음을 힘 있게 하는 양식을 주셨다는 것이다. 따라서 하나님의 섭리와 공급하심이 얼마나 풍성하고 온전한 것인가를 나타내고 있다. 하나님의 은혜로우심을 강조하고 있다.

4) 그리고 시편 104:16-18에서는 사람에게뿐만 아니라, 이제는 나무에게까지도 풍성한 은혜를 베푸셨다는 것이다. 여호와의 나무들도 흡족한다는 것이다. 마치 시냇가에 심은 나무처럼(시 1:3) 물을 충분히, 그리고 지속적으로 공급해 주신다는 것이다. 여호와께서 이미 견고하게 심어 놓으셨다는 것이다. 지속적으로 물을 공급하실 뿐 아니라, 그 나무를 견고히 세우사 흔들림이 없게 하셨다는 것이다. 따라서 여호와께서 풍족한 은혜를 주어 키우신 나무를 통해 공중의 새들이 혜택을 입는다는 것이다. 공중의 작은 새들에게 지속적으로 보금자리를 공급해 주고, 학과 같이 큰 새도 잣나무에 보금자리를 만든다는 것이다. 그러니 하나님께서는 작은 새들로부터 시작해서 큰 새에 이르기까지 하나님께서 심어 놓으신 견고한 나무에 깃들게 하심으로써 친히 자연 만물을 세심하게 보호하고 계심을 말씀하고 있다. 더 나아가서 야생동물 중에서 산양과 너구리, 또한 높은 산과 바위의 사람들의 손이 닿지 않는 곳, 험준한 곳, 그곳에 사는 동물들도 하나님이 보호하신다는 것이다. 하나님이 창조하신 어떤 곳, 어떤 생물에게도 하나님의 섭리하시는 뜻 가운데 오묘하고 신비스럽게 은혜를 베푸신다는 것이다.

결론 시편 104편은 103편과 '한 쌍의 시'이다. '내 영혼아 여호와를 송축하라'로 시작하고, 마치고 있다(시 103:1, 22, 104:1, 35). 또한 '화답의 시'이다. 시편 103편은 왜 여호와를 송축해야 하는가? 구속주로 죄를 용서해 주시는 인자하심이 크시고 영원하신 분이라는 사실을 강조했다. 이제 104편은 왜 여호와를 송축해야 하는가? 창조주로서 천지를 창조하신 왕으로 통치하시는 분이라는 사실을 강조하고 있다. 그러면서 창세기 1-2장의 천지 창조를 배경으로 말씀하고 있다. 천지 창조의 7일의 역사를 시편 104편에서는 7연으로 말씀하고 있다.

1) 하지만 창세기 1-2장과 시편 104편은 차이가 있다. 창세기 1-2장은 창조의 선언과 창조의 내력을 역사적 서술로 말씀하고 있다. 그것도 모세를 통해서 출애굽한 이스라엘 백성들을 청중으로 말씀하고 있다. 그러나 시편 104편은 창조주 하나님의 본질과 속성을 시적으로 말씀하고 있다. 그 청중이 누구인지도 자세히 알지 못한다. 시편 103편과 같이 시편 104편도 '다윗의 시'라고 생각한다면 다윗이 통치하던 이스라엘 백성들을 청중으로 말씀하고 있다. 만약 다윗의 시가 아니라면, 아마도 바벨론의 포로로 잡혀간 이스라엘 백성들을 청중으로 말씀하고 있다고 생각할 수 있다. 이러한 차이점이 있음에도 불구하고 천지 창조와 아주 밀접하게 연결되어 있다.

2) 그러나 창세기와 시편은 분명한 차이가 있다. 가장 중요한 차이는

창세기는 율법서이며, 출애굽한 이스라엘 백성을 청중으로 하고 있다. 창조 사역, 역사에 대해서 말씀하고 있다. 그러나 시편은 시가서이며, 바벨론 포로 때의 이스라엘 백성 혹은 다윗의 때의 이스라엘 백성을 청중으로 하고 있다. 따라서 창세기는 창조의 선언과 창조의 내력을 강조하고 있다. 실제로 창조하심, 위대하심을 강조하고 있다. 그러나 시편은 그렇게 창조하신 창조의 본질, 하나님 자신의 속성, 본질을 말씀하고 있다. 위대하고, 놀라우신 창조주 하나님을 찬양하고 있다.

3) 창세기에서는 하나님께서 하늘과 땅을 창조하셨다. 그 땅이 혼돈하고 공허하고 흑암이 깊음 위에 있었다. 그래서 그 땅에 하나님께서 첫째 날 빛이 있으라 하시면서 빛을 창조하셨다. 그리고 빛과 어둠을 나누고, 빛을 낮이라고 부르고, 어둠을 밤이라고 부르셨다. 땅에서 하늘로 전환하면서 하나님께서 둘째 날 물 가운데 궁창이 있으라 하시면서 궁창을 창조하셨다. 궁창 위의 물과 궁창 아래의 물로 나누셨다. 그 궁창을 하늘이라고 부르셨다. 궁창 위의 물에서 이제 궁창 아래의 물로 전환하면서 셋째 날 천하의 물이 한 곳으로 모이고 뭍이 드러나라고 하시면서 땅과 바다를 창조하셨다. 뭍을 땅이라고 부르시고, 모인 물을 바다라고 부르셨다.

4) 이때까지 창세기에 나타난 하나님의 창조에는 공통점이 있다. 첫째 날에는 빛과 어둠을 나누셨다. 둘째 날에는 궁창 아래의 물과 궁창 위의 물로 나누셨다. 셋째 날에는 땅과 바다를 나누셨다. 이렇게 첫째 날부터 셋째 날까지 계속 나누셨다. 혼돈과 공허의 상태

에서 함께 섞여 있었던 것들이 무질서에서 이제 하나 하나 구분되어 각각의 영역에서 자리를 잡는 질서의 창조를 말씀하고 있다. 그러면서 셋째 날의 창조는 첫째 날과 둘째 날과 달랐다. 드디어 그 땅에 풀과 씨 맺는 채소와 각기 종류대로 씨 가진 열매 맺는 나무를 내게 하셨다. 한마디로 그 땅에 각기 종류대로 식물을 창조하고 있다. 이것을 도표로 보면 다음과 같다.

그 땅이 혼돈하고 공허하고 흑암한 가운데서 나눔의 창조	
첫째 날 - 빛을 창조	빛과 어둠을 나눔
둘째 날 - 궁창을 창조	궁창 위의 물과 아래의 물로 나눔
셋째 날 - 땅과 바다, 식물 창조	땅과 바다를 나눔 풀, 채소, 나무를 창조

5) 그런데 넷째 날은 셋째 날의 땅에서 다시 하늘로 전환되고 있다. 하늘의 궁창에 광명체들을 창조하시면서 낮과 밤을 나뉘게 하셨다. 첫째 날에 빛을 창조하시면서 낮과 밤을 나뉘게 하셨고, 이제 광명체들을 창조하시면서 두 큰 광명체 즉 해와 달로 하여금 낮과 밤을 주관하게 하고 있다. 이를 통해서 첫째 날에 빛을 창조하시고, 낮과 밤을 나누셨던 것을 이제 광명체들을 창조하시어 해, 달, 별들로 채우시고 있다. 그 땅이 혼돈하고 공허하고 흑암한 가운데 첫째 날과 둘째 날과 셋째 날은 나눔을 통해서 혼돈에서 질서의 창조를 말씀하고 있다면, 이제 넷째 날은 공허에서 충만의 창조를 말씀하고 있다. 지금까지 나누었던 각 영역을 피조물로 채우는 것을 말씀하고

있다. 넷째 날에는 하나님께서 첫째 날 창조하셨던 빛을 광명체 즉 해, 달, 별들로 채우고 있다. 비었던 창조의 공간들을 여러 피조물들로 충만케 하고 있다. 이것을 도표로 보면 다음과 같다.

그 땅이 혼돈하고 공허하고 흑암한 가운데서 채움의 창조	
넷째 날 – 광명체를 창조	빛을 채움(광명체 즉 해, 달, 별)
다섯째 날 – 새와 물고기를 창조	궁창과 바다를 채움(새, 물고기)
여섯째 날 – 땅의 동물과 인간을 창조	땅을 채움(동물, 인간)

6) 창세기 1:3-31까지는 하나님께서 6일 동안 창조하신 내용을 말씀하고 있다. 이렇게 하나님께서 6일 동안 창조하신 내용(창 1:3-31)을 자세히 보면 아주 전형적인 6개의 큰 단위로 하나의 구조적인 틀을 이루고 있다(창 1:3-5, 6-8, 9-13, 14-19, 20-23, 24-31). 6일간의 창조 내용은 다시 크게 둘로 나눌 수 있다. 하나는, 첫째 날과 둘째 날, 셋째 날로 '혼돈에서 질서'의 모습으로 창조하셨음을 강조하고 있다. 다른 하나는 넷째 날과 다섯째 날, 여섯째 날로 '공허에서 충만'의 모습으로 창조하셨음을 강조하고 있다. 첫째 날에서 셋째 날까지는 계속해서 '나누사' 혹은 '나뉘라', '부르시고'라는 말씀을 하고 있다(창 1:4, 6, 7, 9, 10). 그런데 반해 넷째 날에서 여섯째 날까지는 계속해서 '만드사', '만들고', '하시니'라는 말씀을 하고 있다(창 1:16, 26, 1:17, 18, 20, 21, 24, 27). 그러니까, 첫째 날에서 셋째 날까지 나누었던 각 영역을 넷째 날에서 여섯째 날까지 창조물로 하나 하나 채워가는 것을 말씀하고 있다. 이렇게 혼돈에

서 질서를 만드시고, 공허 가운데서 충만케 하신 것을 보시고, 하나님께서 좋았다고 하셨다(창 1:4, 10, 12, 18, 21, 25, 31). 이것을 통해 하나님이 기뻐하시는 창조 세계의 모습이 무엇인지를 말씀하고 있다. 하나님께서 보시기에 좋은 모습은 피조물인 우주와 모든 만물이 하나님께서 허락하신 자리를 지키고, 그 가운데 피조물이 충만한 모습이라는 것을 강조하고 있다. 그러면서 첫째 날의 빛의 창조는 넷째 날의 광명체 창조와 연결되고, 둘째 날의 궁창의 창조는 다섯째 날의 궁창의 새와 바다의 물고기와 연결되고, 셋째 날의 땅과 바다, 식물의 창조는 여섯째 날의 땅에 동물과 사람을 창조하신 것과 서로 연결되고 있다. 이것을 구조적으로 보면 다음과 같다.

혼돈에서 나눔의 창조		공허에서 채움의 창조	
1일 빛	빛과 어둠을 나눔	4일 광명체	빛을 채움(해, 달, 별)
2일 궁창	궁창 위의 물과 아래의 물로 나눔	5일 새와 물고기	궁창과 바다를 채움 (새, 물고기)
3일 땅과 바다, 식물	땅과 바다를 나눔 풀, 채소, 나무를 창조	6일 짐승과 사람	땅을 채움(동물, 사람)
7일 / 안식일			

7) 이러한 창세기에 나타난 하나님의 창조를 염두에 두면서, 시편 104편을 생각해야 한다. 둘의 배경의 차이, 청중의 차이, 강조의 차이를 염두에 두면서 생각해야 한다. 시편 기자는 창조주 하나님의 위대하심, 놀라우심을 찬양하고 있다. 먼저 시편 104:1-4은 천

지 창조의 첫째 날, 창세기 1:1-5과 아주 밀접하게 연결되어 있다. 하나님께서 첫째 날 빛을 창조하셨다. '빛이 있으라 하시니 빛이 있었다'고 한다. '하나님 보시기에 좋았더라'라고 한다. 그러면서 하나님이 빛과 어둠을 나누시면서 빛을 낮이라 하시고, 어둠을 밤이라고 하셨다. 빛과 어둠, 낮과 밤을 하나님께서 직접 통치하시고, 주관하신다는 것이다. 하나님의 통치 아래 빛과 어둠, 낮과 밤이 서로 구별된다는 것이다. 세상 속에 있는 이스라엘 백성들은 빛과 낮이므로 어둠과 밤과는 구별되는 삶을 살 것을 강조하고 있다. 한편 시편 104:1-4에서는 첫째 날 빛을 창조하신 하나님이 창조주로서 빛을 왕의 옷같이 입으시고 통치하신다는 것이다. 지금도 여전히 살아 계신 하나님이시라는 것이다. 그 하나님이 '여호와 나의 하나님'이라는 것이다. 그들의 하나님이 아니라, 바로 나의 하나님이시라는 것이다. 약속을 지키시는 신실하신 하나님이시고, 전지 전능하신 아주 강하신 하나님이시라는 것이다. 그 여호와 나의 하나님은 물, 구름, 바람, 불꽃으로 역사하시는 하나님이시라는 것이다.

8) 그 다음 시편 104:5-9은 천지 창조의 둘째 날, 창세기 1:6-8과 아주 밀접하게 연결되어 있다. 하나님께서 둘째 날에 궁창을 창조하셨다. 물 가운데에 궁창을 만드시고, 궁창 아래의 물과 궁창 위의 물로 나뉘게 하셨다. 하나님이 궁창을 하늘이라고 부르셨다. 이것은 출애굽한 이스라엘 백성들이 다 같은 백성들이 아니라는 것이다. 하늘을 쳐다보고 살아가는 자가 있고, 세상 것을 추구하면서

땅을 쳐다보면서 살아가는 사람이 있다는 것이다. 모든 것을 하나님의 절대 주권에 맡기고 살아가는 사람이 있고, 그렇지 않은 사람이 있다는 것이다. 한편 시편 104:5-9에서는 '여호와 나의 하나님' 즉 주께서, 천지 창조 둘째 날에 하신 일이 무엇인지를 말씀하고 있다. 주께서 물을 붙들고 계신다는 것이다. 땅에 기초를 놓으셔서 영원히 요동하지 않는다는 것이다. 또한 주께서 물을 꾸짖으시니 그대로 되었다는 것이다. 주께서 말씀하신 그대로 된다는 것이다. 그리고 주께서 물이 정하신 곳으로 흐르게 하신다는 것이다. 그러므로 우리는 주께서 붙들어 주는 인생이 되어야 한다. 주의 말씀에 순종하는 인생이 되어야 한다. 주께서 정하신 코스로 살아가는 인생이 되어야 한다. 주의 뜻대로, 성령의 인도함을 받아야 한다.

9) 그리고 시편 104:10-18은 천지 창조의 셋째 날, 창세기 1:9-13과 아주 밀접하게 연결되어 있다. 셋째 날은 땅과 바다와 식물을 창조하셨다. 땅으로 하여금 각기 종류대로 씨 가진 열매 맺는 나무를 내라고 하니 그대로 되어 하나님 보시기에 좋았더라고 말씀하고 있다. 이것은 출애굽한 이스라엘 백성들이 땅과 바다에 거하면서 살아야 한다는 것을 말하고 있다. 그러면서 그 땅에서 각종 열매를 맺으면서 살아야 한다. 하나님께서 주신 다양한 은사를 통해서 열매를 맺어야 한다. 하나님께 영광을 돌려야 한다. 신앙의 열매, 빛의 열매, 의의 열매, 성령의 열매를 맺으면서 하나님께 영광을 돌려야 한다. 한편 시편 104:10-18은 여호와께서 샘을 골짜기에서 솟아나게 하고, 산 사이에 흐르게 하셔서 모든 짐승과 들나귀와 공

중의 새들이 마시고, 해갈하며, 깃들이게 하셨다. 낮은 곳에서 샘 솟는 생수로 살아가게 하셨다. 뿐만 아니라 높은 곳에서 쏟아지는 단비로 땅을 풍족하게 하고 있다. 채소를 자라게 하시고, 먹을 것이 나게 하시고, 사람을 힘있게 하는 양식을 주셨다. 그래서 흡족하고, 평안과 안식으로 살게하고 있다. 이렇게 인간은 하나님이 베풀어 주시는 은혜로 살아가게 되는 것이다. 때로는 낮은 곳에서 샘 솟는 생수로, 때로는 높은 곳에서 쏟아지는 단비로 살아가게 되는 것이다. 그것도 해갈하며, 풍족하며, 흡족하게 살아가게 되는 것이다. 여호와께서 베푸시는 은혜를 찬양하고, 그 은혜로 만족하면서 살아가는 것이다.

달은 계절을 구분하고 해는 지는 곳을 안다.

He appointed the moon for seasons: the sun knoweth his going down.

시편 104:19

12

여호와께서 (II)

12 여호와께서 (II)

성경 : 시편 104 : 19 – 23

서론 시편 104편은 창세기 1-2장과 차이가 있다. 첫째는 청중이 다르다. 둘째는 강조가 다르다. 셋째는 배경이 다르다.

1) 시편 104:1-4은 천지 창조의 첫째 날, 창세기 1:1-5과 아주 밀접하게 연결되어 있다.

시편 104:1-4에서는 첫째 날 빛을 창조하신 하나님이 창조주로서 빛을 왕의 옷같이 입으시고 통치하신다는 것이다. 광대하시고, 위대하신 하나님은 지금도 여전히 살아계신 하나님이시라는 것이다. 그 하나님이 '여호와 나의 하나님'이라는 것이다. 그들의 하나님이 아니라, 바로 나의 하나님이시라는 것이다. 약속을 지키시는 신실하신 하나님이시고, 전지 전능하신 아주 강하신 하나님이시라는 것이다. 그 여호와 나의 하나님은 물, 구름, 바람, 불꽃으로 역사하시는 하나님이시라는 것이다.

2) 시편 104:5-9은 천지 창조의 둘째 날, 창세기 1:6-8과 아주 밀접하게 연결되어 있다.

시편 104:5-9에서 '여호와 나의 하나님' 즉 주께서, 천지창조 둘째 날에 하신 일이 무엇인지를 말씀하고 있다. 주께서 물을 붙들고 계신다는 것이다. 땅에 기초를 놓으셔서 영원히 요동하지 않는다는 것이다. 또한 주께서 물을 꾸짖으시니 그대로 되었다는 것이다. 주께서 말씀하신 그대로 된다는 것이다. 그리고 주께서 물이 정한 곳으로 흐르게 하신다는 것이다. 그러므로 우리는 주께서 붙들어 주는 인생이 되어야 한다. 주의 말씀에 순종하는 인생이 되어야 한다. 주께서 정하신 코스로 살아가는 인생이 되어야 한다. 주의 뜻대로, 성령의 인도함을 받아야 한다.

3) 시편 104:10-18은 천지 창조의 셋째 날, 창세기 1:9-13과 아주 밀접하게 연결되어 있다.

시편 104:10-18은 여호와께서 샘을 골짜기에서 솟아나게 하고, 산 사이에 흐르게 하셔서 모든 짐승과 들나귀와 공중의 새들이 마시고, 해갈하며, 깃들이게 하셨다. 낮은 곳에서 샘솟는 생수로 살아가게 하셨다. 미리 준비하시고, 예비하시는 하나님을 찬양한다. 뿐만 아니라 높은 곳에서 쏟아지는 단비로 땅을 풍족하게 하고 있다. 채소를 자라게 하시고, 먹을 것이 나게 하시고, 사람을 힘 있게 하는 양식을 주셨다. 그래서 흡족하게, 평안과 안식으로 살게 하고 있다. 먼저 사랑을 베풀어 주시고, 먼저 은혜를 내려주시고 있다. 이렇게 인간은 하나님이 베풀어 주시는 은혜로 살아가게 되는 것이다. 때로는 낮은 곳에서 샘솟는 생수로, 때로는 높은 곳에서 쏟아지는 단비로 살아가게 되는 것이다. 그것을 마시고, 해갈하며, 만족하며, 풍족하며, 흡족하게 살아가게 되는 것이다. 여호와 그분께서 베푸시는 은혜를 찬양하고, 그 은혜에 만족하면서 살아가야 한다. 이렇게 시편 104:10-18은 땅에 물을 부어 주시고, 먹을 것이 나게 하셔서 생명체를 보존하시는 천지 창조의 셋째 날에 있었던 하나님의 위대하신 사역을 찬양하고 있다.

4) 시편 104:19-23은 천지 창조 넷째 날 광명체, 곧 해, 달, 별 등을 창조하심으로 절기와 주야의 순환 질서를 이루시고 보존하신 하나님을 찬양하고 있다.

이는 자연스럽게 천지 창조 넷째 날 창세기 1:14-19의 말씀과 병행이 되고 있다. 넷째 날에는 큰 광명체(해)와 작은 광명체(달)를 창조하셨다. 하나님께서 큰 광명체로 하여금 낮을 주관케 하셨다. 그리고 작은 광명체로 하여금 밤을 주관케 하셨다. 낮과 밤을 나뉘게 하시고, 절기와 날과 해를 구분하는 기준이 되게 하시고, 땅을 비추게 하셨다. 이렇게 하늘의 광명체는 다른 피조물을 위하여 철저하게 봉사하는 기능을 갖게 하고 있다. 하늘의 광명체가 사람을 섬기는 것이지, 사람이 경배해야 할 대상이 아니라는 사실이다.

1. 달과 해, 흑암을 지어

1) 시편 104:19은 여호와 하나님께서 창조하신 달과 해가 절기와 주야를 구분하는 기준으로 주어졌다는 것이다. 먼저 달이 절기의 기준임을 밝히고 있다. '정하심이여'는 원문에는 '아사'이다. '아사'는 본래 무언가를 만드는 것을 의미하는 단어이다. 여호와 하나님께서 절기의 기준으로 만드셨다는 것이다. 달을 절기의 기준으로 삼았다는 것이다. 히브리의 모든 절기는 달의 변화를 기준으로 하였다. 예를 들면 유월절은 유대력 제1월인 아빕월의 보름이었다. 초실절 역시 7월 보름이었다. 그 밖의 절기들 역시 태음력을 기준으로 정해졌다. 이는 그 당시 쉽게 관측되는 달의 변화가 시기 측정에 있어서 그 무엇보다 용이했기 때문이다.

2) 그 다음 '해는 그 지는 때를 알도다.' 그 당시 사람들은 해가 서쪽 지평선을 넘어가는 모습을 보고 하루가 끝났다고 생각했다. 해가 그 시각을 알고 지켜준다는 것이다. 그것은 여호와 하나님께서 그런 법칙을 정하셨다는 것이다. 하나님께서 창조하신 모든 것이 하나님의 창조의 목적을 따라 운행됨을 말씀하고 있다. 이는 궁극적으로 하나님의 창조가 얼마나 유구하며 완전한 것인지를 나타내는 것이라 할 수 있다. 그런데 달이 먼저 언급되고, 해가 뒤이어 언급된 것은 아마도 달이 보다 긴 시간인 절기를 정하는 기준이 된 반면, 해는 하루의 밤낮이나 시각을 정하는 기준이 된 것에 따른 것으로 보인다.

3) 시편 104:20에서 "주께서 흑암을 지어 밤이 되게 하시니"라고 말씀한다. 이 부분을 다시 번역하면 "당신께서 어둠을 가져오시니, 밤이 됩니다."가 된다. 따라서 여호와 하나님께서는 빛과 낮을 창조하셨을 뿐만 아니라, 어둠과 밤까지도 창조하셨다. 다시 말하면, 여호와 하나님께서는 빛도 짓고, 어둠도 창조하며, 평안도 짓고 환난도 창조하신다는 것이다. 여호와 하나님은 이 모든 일을 행하는 자라는 것이다(사 45:7). 이러한 어둠과 밤이 계속될 뿐 아니라, 하나님의 역사 또한 계속 진행된다는 것이다. 그래서 시편 104:20의 동사를 모두 미완료형으로 나타내고 있다. 시편 104:20-21에서는 야간에 이루어지는 일을 말씀하고 있다. 이처럼 밤의 일을 먼저 말하는 것은 히브리인들의 사고에 있어서 아침이 아니라, 저녁 즉 밤이 하루의 시작으로 여겨졌기 때문이다.

4) 우리말 개역개정은 '…삼림의 모든 짐승이 기어나오나이다'라고 번역하지만, 반대로 '삼림의 모든 짐승이 기어 들어간다'고도 할 수 있다. 여기 '티르모스' 즉 '기어'라는 말씀은 기어 들어가는 것이나, 기어 나오는 것 모두를 나타낼 수 있기 때문이다. 그것도 미완료형으로 매일매일 되풀이되는 짐승들의 생활 습성을 나타내고 있다. 밤에 밖으로 나오는 야행성 동물이 있는 반면, 밤에 보금자리로 들어가는 주행성 동물도 있다는 것이다. 그러나 이어지는 내용을 볼 때, 야행성으로 번역하는 것이 좋을 것 같다. 그러면서 시편 104:21에서 백수의 왕일 뿐 아니라 왕성한 활동력을 지닌 젊은 사자조차도 스스로 먹이를 구하는 것이 아니라, 하나님으로부

터 공급을 받는 것으로 말씀하고 있다. 이러한 말씀은 궁극적으로 밤에 이루어지는 그 모든 일이 하나님의 간섭하에 이루어진다는 것이다. 젊은 사자들이 하나님께 음식을 구하며 그들의 먹이를 위해 부르짖는다는 것이다. 어린 사자들이 으르렁거리는 모습 자체가 곧 하나님께 먹이를 구하는 행동이라는 것이다. 사자와 같은 맹수들까지도 하나님의 보호와 공급, 은혜 아래 살고 있다는 것이다. 만물을 창조하신 하나님의 절대적 주권과 능력, 그 모든 만물을 보호하시는 하나님의 섬세한 손길을 다시금 강조하고 있다.

2. 해가 돋으면

1) 지금까지는 시편 104:20에서 '주께서 흑암을 지어 밤이 되게 하시니'라는 말씀을 통해 밤에 이루어지는 일에 대해서 말씀했다. 이제 시편 104:22에서는 "해가 돋으면 물러가서 그들의 굴 속에 눕고"라고 한다. 시편 104:22-23에서는 해가 돋은 후 낮에 되어지는 일을 말씀하고 있다. 밤과 낮이 서로 대조를 이루고 있다. 여기에서도 '돋으면, 물러가서, 눕고' 등 모든 동사가 미완료이다. 이것은 반복되고 지속되는 일상의 행동 방식을 나타내고 있다.

2) 또한 젊은 사자의 생태를 나타내고 있다. 여기 '물러가서'라는 말씀은 모으다, 소집하다, 함께 놓다, 완전히 물러가다 등의 의미를 지니고 있다. 따라서 '물러가다' 혹은 '함께 모이다'라는 의미도 될

수 있다. 따라서 해가 지면 그 굴로 돌아올 뿐 아니라 군거 생활을 하는 사자의 생태를 함축하는 표현이라고 할 수 있다. 해가 돋는 것을 기준으로 혈기 왕성한 젊은 사자들조차 하나님이 정하신 자연 법칙에 순응하면서 그 굴혈에 들어간다는 것이다. 그러므로 하나님의 피조물인 젊은 사자도 하나님이 정하신 창조 질서에 따라 살아가고 있음을 말씀하고 있다.

3) 이제 시편 104:23에서는 젊은 사자에서 사람으로 전환되고 있다. 밤에 활동하는 짐승들과 달리 해가 돋음과 더불어 왕성하게 활동하는 사람들의 삶의 양태를 말씀하고 있다. 앞서 104:21-22에서 밤에 활동하는 동물들, 특히 젊은 사자의 생태를 묘사하고 있지만, 궁극적으로 이는 하나님의 창조 질서와 섭리에 모든 피조물이 순응하는 것을 말씀하고 있다. 이와 마찬가지로 사람 역시 하나님께서 정하신 창조 질서에 순응하면서 살아야 한다는 것이다. 창조 질서에 부합되는 행동을 거듭한다는 것이다.

4) 해가 돋으면 사람은 나와서 일하며 저녁까지 수고한다는 것이다. 여기 수고한다는 것은 섬김, 봉사, 노동, 일을 의미한다. 물론 잘못 생각하면 노동 그 자체를 저주스런 것으로 이해할 수도 있지만, 이는 창조시부터 하나님이 사람들에게 축복하시면서 부여하신 것이다. 그래서 하나님이 아담에게 에덴동산을 '다스리게' 하셨다는 말씀과 어원이 같다. '아보다', '아바드'(עָבַד)는 같은 어원이다(창 2:15). 따라서 수고스런 고역이라는 의미보다는 활동할 수 있는 주어진 시간에 하나님이 부여하신 바를 수행하는 축복 그 자체라는 것이다.

시편 104편은 창세기에 나타난 하나님의 창조와 밀접하게 연결되어 있지만 이런 배경의 차이, 청중의 차이, 강조의 차이를 염두에 두면서 생각해야 한다. 특별히 시편 기자는 창조주 하나님의 위대하심, 놀라우심을 찬양하고 있다.

1) 따라서 천지 창조의 넷째 날, 해와 달, 별을 만드신 하나님의 행사와 시편 104편은 조금 동떨어진 내용을 기록한 것으로 보여지고 있다. 이것을 올바로 이해하기 위해서는 시편 104편이 단순히 창세기 1장의 창조기사를 도식적으로 반복하는 내용이 아님을 인식해야 한다. 물론 시편 104편 전체가 각각 단락을 이루어 창세기의 기사와 나름의 대응을 이루고는 있다. 그러나 시편 기자는 이에 더하여 그러한 창조가 얼마나 아름답고 위엄 있는 것인지, 그리고 얼마나 섬세하고 자애로운 것인지를 나타냄으로써 하나님을 찬양하기 위해 기록하고 있다.

2) 이에 시편 104편도 마찬가지이다. 해와 달, 그리고 그것이 뜨고 짐에 따라 연한과 일자, 밤낮의 구분이 이루어진다는 사실을 전달함과 동시에 이러한 질서를 따라 살아가는 자연 만물, 특히 동물들과 사람들의 행동을 기록하는 방식으로 되어 있다. 궁극적으로 이를 통해 시편 기자가 전달하고자 하는 바는 하나님이 지으신 해와 달, 그리고 그것으로 비롯된 창조 질서 아래 만물이 종속되고 그 질서와 어우러져 만물이 공존함을 나타내고 있다. 따라서 해와 달 등

천체들의 창조와 관련된 위대함과 경이로움, 그로 인해 세워진 질서의 확고함, 그 질서 안에 살아가는 피조물들의 상태와 관련한 하나님의 자애로운 손길과 섬세함이 어우러져 있다고 할 수 있다.

3) 시편 104:19-23은 천지 창조의 넷째 날, 창세기 1:14-19과 아주 밀접하게 연결되어 있다. 넷째 날은 하늘의 궁창에 광명체들이 있으라고 하시면서 낮과 밤을 나누어 주관하게 하고 있다. 첫째 날 빛을 창조하시면서 낮과 밤을 나뉘게 하신 것을 이제 두 큰 광명체, 즉 해와 달을 창조하시어 낮과 밤을 주관하게 하고 있다. 이것을 통해서 첫째 날에 빛을 창조하시어 나누셨던 낮과 밤을 이제 광명체들을 창조하시어 해와 달과 별들로 채우고 있다. 이렇게 첫째 날에서 셋째 날까지 혼돈에서 질서의 창조를 강조했다면, 이제 넷째 날은 공허에서 충만(채움)의 창조를 강조하고 있다. 하나님 보시기에 좋았다고 한다. 하나님이 기뻐하시는 것은 모든 만물이 하나님께서 허락하신 자리를 지키면서 그 가운데 피조물이 충만한 모습이라는 것이다. 만약에 해와 달과 별들이 자기의 자리를 지키지 못하고, 제 역할을 하지 못한다면 세상은 엉망진창이 될 것이다. 또 땅에 풀과 채소와 나무가 아름답게 성장하지 않으면 너무나 보기 싫은 흉물이 될 것이다. 자신의 자리에서 충성을 다하는 것이 하나님 보시기에 좋은 모습이다.

4) 이와 같이 시편 104:19-23도 우리에게 비슷한 말씀을 하고 있다. 해와 달을 창조하신 하나님께서 크게 두 가지를 말씀하고 있다. 첫째, 자기 역할을 잘 감당하라는 것이다. 자기에게 주어진 사명을

잘 감당하라는 것이다. 달로 절기를 정하였다. 해는 그 지는 때를 알아야 한다. 주께서 흑암을 지어 밤이 되게 하셨다. 밤이 낮이 되거나, 낮이 밤이 되거나 하면 큰일난다. 밤에 해가 비치거나, 낮에 밤과 같이 비치지 않는다면 큰일이다. 밤에는 달이 비쳐야 하고, 낮에는 해가 비쳐야 한다. 정해진 대로 자신에게 주어진 사명을 잘 감당해야 한다.

5) 둘째, 자기 자리를 잘 지키라는 것이다. 자기의 자리를 절대로 벗어나서는 안 된다. 자기의 자리를 지키면서 내게 주어진 임무를 충성스럽게 잘 감당해야 하는 것이다. 야행성의 짐승 즉 젊은 사자는 밤에 먹이를 찾아 부르짖으면서 먹이를 구한다. 그러다가 해가 돋으면 물러가서 굴 속에 눕게 된다. 그러나 반대로 주행성의 사람은 밤에는 쉬어야 한다. 잠을 잘 자야 한다. 그러다가 해가 돋으면 나와서 일을 해야 한다. 저녁까지 수고해야 한다. 밤의 짐승과 낮의 사람은 자신에게 주어진 일에 최선을 다하면 된다. 자기 자리를 잘 지키면서 충성스럽게 잘 감당하면 된다. 하나님이 창조하신 순리대로, 순응하면서 창조하신 하나님을 찬양해야 한다.

여호와여, 주는 정말 많은 일을 하셨습니다. 주의 지혜로 그 모든 것을 만드셨으니
땅에는 주의 피조물로 가득 찼습니다.

O Lord, how manifold are thy works! in wisdom hast thou made them all: the
earth is full of thy riches.

시편 104:24

13

여호와여 주께서

서론 시편 104편은 창세기 1-2장의 천지 창조와 아주 밀접하게 연결되어 있다. 창세기 1-2장과 시편 104편이 모두 각각 우주의 창조주를 소개하는 서문(창 1:1, 시 104:1)으로 시작하여, 창조계에 나타난 하나님의 영광을 노래하는 송영(창 1:31, 시 104:30-35)으로 마치고 있다. 또한 서문과 송영 사이에 창조 첫째 날의 '빛'(창 1:3-5, 시 104:2-4), 둘째 날의 '물과 궁창'(창 1:6-8, 시 104:5-9), 셋째 날의 '땅과 채소'(창 1:9-13, 시 104:10-18), 넷째 날의 '두 광명'(창 1:14-19, 시 104:19-24), 다섯째 날의 '어족과 큰 물고기와 조류'(창 1:20-23, 시 104:26, 시 104:12), 여섯째 날의 '동물과 사람'(창 1:24-30, 시 104:27-29)이 서로 평행을 이루고 있다. 끝으로 일곱째 날, 창세기에서 영원한 하나님의 영광을 의미하는 하나님의 안식이 시편 104편에서는 시인의 지속적인 예배 행위로 나타나고 있다(창 2:1-3, 시 104:30-35). 그래서 천지 창조가 7일간 이루어진 것과 같이 시편 104편도 7연으로 이루어져 있다.

1) 시편 104:1-4은 천지 창조의 첫째 날, 창세기 1:1-5과 아주 밀접하게 연결되어 있다.

2) 시편 104:5-9은 천지 창조의 둘째 날, 창세기 1:6-8과 아주 밀접하게 연결되어 있다.

3) 시편 104:10-18은 천지 창조의 셋째 날, 창세기 1:9-13과 아주 밀접하게 연결되어 있다.

4) 시편 104:19-23은 천지 창조 넷째 날 광명체들, 곧 해, 달, 별 등을 창조하심으로 절기와 주야의 순환 질서를 이루시고 보존하신 하나님을 찬양하고 있다. 이는 자연스럽게 창조 넷째 날 창세기 1:14-19의 말씀과 병행이 되고 있다.

5) 시편 104:24-26에서는 바다를 다스리는 하나님을 찬양하고 있다.

그 배경은 창세기 1:20-23의 말씀이다. 하나님께서 다섯째 날 창조에서 물 속의 생물과 하늘의 새를 창조하셨다. 셋째 날 식물을 창조하신 것과 같이 '그 종류대로' 다양하게 창조하셨다. 이로써 세상에는 참으로 다양한 식물과 생물들이 가득하게 되었다. 새들이 가득하게 되었다. 만일 하나님께서 한 종류의 물고기, 한 종류의 새들만 창조하셨다면 어떻게 되었을까? 아마도 세상은 지금처럼 아름답지 못하고, 단조로우며, 사람이 살기에 부적합한 곳이 되고 말았을 것이다. 그러나 하나님은 식물과 물고기와 새들을 아주 다양하게 창조하셨다. 이 세상을 아름답고 사람이 살기 좋은 곳으로 만드셨다.

1. 주의 부요가 땅에 가득하나이다.

1) 어떤 사람들은 시편 104:24을 천지 창조 넷째 날과 연결시키고 있다. 그러나 여기서는 천지 창조 다섯째 날과 연결시켜서 생각하고자 한다. 물론 시편 104:24이 앞 부분과 뒷 부분을 연결해 주고 있다는 사실은 인정해야 한다. 아무튼 시편 104편에서는 1절에서 "내 영혼아 여호와를 송축하라"라고 한 것처럼 '여호와'라는 명칭을 계속 사용하였다(1, 10, 16, 19절). 또 '주', '당신'이라는 명칭도 계속 사용하였다(1, 2, 6, 7, 8, 9, 20절). 그러면서 1절에서는 특이하게 "여호와 나의 하나님이여"라며 두 개의 신명을 함께 사용하기도 하였다. 나머지는 '여호와' 혹은 '주'라는 명칭을 하나씩만 사용하였다.

2) 그런데 이제 시편 104:24에서 '여호와여 주께서'라고 한다. '여호와'는 신실하신 하나님, 언약을 반드시 지키시는 하나님이라는 의미이다. 그러한 '여호와'가 '주'라는 것이다. 여기 '주'는 '당신'을 우리말 성경에서 '주'라고 번역한 것이다. "여호와여 당신께서 하신 일이 어찌 그리 많은지요"라는 말씀인 것이다. 인간으로서는 도저히 상상할 수 없는 일들을 여호와 당신께서 행하셨다는 것이다. 행하셨을 뿐만 아니라, 또 행하고 계시다는 것이다. 그것에 대해 감탄하고 찬양하고 있다.

3) 이러한 시편 기자의 놀라움과 경이로운 감정을 표현하기 위해서 의문사 '마'로 시작하고 있다. 실로 '여호와 당신께서' 피조 세계에

창조해 놓으신 빈틈 없는 질서들, 그리고 그 안에서 만물이 하나님의 은혜를 지속적으로 누리면서 함께 어우러져 살아가는 모습들이 경이로움과 탄식을 자아내고 있는 것이다. 그 모든 일을 이루시는 창조주이시며 만물을 보존하시고, 관리하시는 섭리자가 되신 하나님을 소리 높여 찬양하고 있다. '주께서 하신 일이 어찌 그리 많은지요'라고 한다. 이 말씀은 '주께서 지으신 것들이 땅에 가득하나이다'라는 말씀과 서로 연결되어 있다. 그 중간에 '주께서 지혜로 그들을 다 지으셨으니'라고 한다. 이렇게 시편 기자는 주께서 이 세상에서 하신 모든 일을 보며 탄성을 지르고 찬양하고 있다.

4) '여호와여 주께서 하신 일이 어찌 그리 많은지요'라고 하면서, 그러면 이러한 많은 일을 어떻게 행하셨는가? '…주께서 지혜로 그들을 다 지으셨으니'라고 한다. 여호와여 당신께서 지으신 모든 것이 너무나 많다고 탄복하면서 당신이 그것들을 다 지으셨다는 것이다. 땅에 펼쳐진 모든 풍성한 것들, 하나님의 부요를 드러내는 창조로 이루어진 모든 것을 다 만드셨다는 것이다. 여기 '지으셨다'는 것은 단순히 기계적으로 창조하신 사건만을 의미하는 것이 아니라, 그와 관련해 존재하는 여러 피조물들과 그것들을 온전하게 돌보시고 붙드시는 섭리적 행위까지를 포함하고 있다.

5) 그런데 이러한 모든 것을 다 지으셨는데, 무엇으로 지으셨는가? '지혜'로 지으셨다는 것이다. 하나님의 지혜의 산물임을 찬양하고 있다. 하나님의 지혜를 통해서 만들어진 것임을 찬양하고 있다. 여기 '지혜'는 잠언 8:22-31의 말씀과 같이 인격을 가지고 있는 것으

로 바로 메시아, 예수 그리스도를 의미하는 것이다. 그래서 요한복음 1:3에서 "만물이 그로 말미암아 지은 바 되었으니 지은 것이 하나도 그가 없이는 된 것이 없느니라"라고 말씀하고 있다. 말씀과 지혜이신 예수 그리스도가 없이 되어진 것은 하나도 없다. 예수 그리스도를 통해서 만물이 다 지음을 받았다.

6) 그래서 '…주께서 지으신 것들이 땅에 가득하나이다'라고 한다. 이를 다시 번역하면 '땅은 당신의 소유물로 충만합니다'라고 할 수 있다. 여기 '주께서 지으신 것들'을 옛날 개역성경에서는 '주의 부요'라고 번역하고 있다. 여호와께서 조성하신 것, 소유하고 계신 것을 의미한다. 여호와께서 조성하신 모든 만물, 결국 하나님이 지으셨기에 하나님께로 그 소유가 귀결되는 모든 피조물들을 가리키고 있다. 모든 피조물이 하나님에 의해 창조되었고, 따라서 그 모든 만물에 대한 주권을 하나님이 소유하시고 귀속된다는 것을 말씀하고 있다. 창조주이시기에 소유주라는 것이다. 땅에 충만하여 가득한 것이 모두 하나님의 소유라는 것이다.

7) 그런데 여기 '땅'은 단순히 육지만을 의미하지 않는다. 그것은 천지 창조를 하시면서 궁창을 만들어 궁창 위의 물과 궁창 아래의 물로 나누고, 궁창 아래의 물을 육지와 바다로 구분하셨기 때문이다. 따라서 여기 '땅'에는 시편 104:25에서 "거기에는 크고 넓은 바다가 있어"라고 말씀한 것처럼 육지뿐만 아니라 바다까지 다 포함된다. 천지 창조의 둘째 날은 궁창 위의 물과 궁창 아래의 물로 나누고, 천지 창조의 다섯째 날에는 모든 새들과 바다 생물들을 창조하

시어 궁창과 바다를 채우셨다. 혼돈에서 나눔의 창조로부터 공허에서 채움의 창조로 전환하셨기 때문이다. 주께서 지으신 것들이 땅에 가득하다는 것은 궁창 아래 있는 모든 것이 다 창조주의 소유이며, 통치하면서 다스리시는 것이 땅에 가득하다는 것이다. 이러한 것은 창세기 1장의 창조 사역과 시편 104편의 내용이 다른 점이다. 창세기 1장의 창조 기사에는 하나님의 명령이 부각되면서 지혜가 나타나지 않는다. 그러나 시편 104편에서는 하나님의 깊으신 지혜를 말씀하고 있다. 세상의 다양성 속의 통일성을 발견하고 있다. 하나님의 창조 사역뿐만 아니라, 통치 사역, 양육 사역, 돌봄사역까지 모든 면에서 표현되고 있다.

2. 그 속에 동물들이 무수하니이다.

1) 시편 104:25은 창세기 1:20-23의 천지 창조 다섯째 날과 연관성을 가지고 있다. 먼저 시편 기자는 사람들의 시선을 여호와께서 창조하사 소유하고 계신 크고 넓은 바다로 모으고 있다. 그리고 바다는 인간이 미처 헤아릴 수 없을 만큼 광대하다는 사실을 강조하고 있다. 사실 바다는 땅에 비해 매우 신비로운 미지의 세계로, 감히 말할 수 없는 곧 알 수 없는 세계가 얼마든지 있다. 인간이 깊은 심연의 세계를 상상할 수 있을 뿐이다. 알 수 없는 것이 이곳 저곳에 숨어 있는 것이 바다 속이다.

2) 그래서 바다를 '크고'라는 말씀과 '넓은'이라는 말씀을 하고 있다. 이러한 '크고, 넓은' 바다도 하나님에 의해서 창조되었다는 것이다. 사실 바다는 크고도 넓으며, 어디를 보아도 끝이 없다. 뿐만 아니라, '…그 속에는 생물 곧 크고 작은 동물들이 무수하니이다'라고 한다. 그 크고 넓은 바다 속에 크고 작은 생물이 셀 수 없이 많다는 사실을 강조하고 있다. 크고 작은 무수한 생명체들이 '주께서 지으신 것들이 땅에 가득하나이다'라고 한 것처럼 주께서 지으신 바다에도 넘쳐나고 있다는 것이다. 육지와 바다 어디를 보더라도 생명체들이 넘쳐난다는 것이다. 바다 안에는 크고 작은 고기떼들이 살고 있다. 그것도 무수히 살고 있다. 이것을 통해서 시편 기자는 하나님의 권능을 목도하고, 감탄할 수밖에 없다.

3) 더 나아가서 시편 104:26에서는 크고 넓은 바다에 배들이 항해하는 모습을 말씀하고 있다. 여기 '다니다'는 말씀은 미완료형으로 배들이 바닷길을 지속적으로 왕래하는 모습을 회화적으로 말씀하고 있다. 배가 바다에서 노닐고 있는 모습을 사뭇 경이로운 듯이 그리고 있다. 산과 들에 짐승과 사람들이 어울려 살 듯이, 바다에도 물고기들과 사람들이 어울려 살고 있다는 것을 말씀하고 있다.

4) 그러면서 '당신이 지으신 그 속에서 리워야단이 놀고 있다'는 것이다. 여기 우리의 관심을 끄는 것이 '리워야단'이다. 리워야단은 구약 성경에 네 번 기록되어 있다. 시편 74:14에서 "리워야단의 머리를 부수시고, 그것을 사막에 사는 자에게 음식물로 주셨으며"라고 한다. 욥기 3:8에서 "날을 저주하는 자들을 곧 리워야단을 격동시

키기에 익숙한 자들이 그 밤을 저주하였더라면"이라고 한다. 욥기 41:1 "네가 낚시로 리워야단을 끌어낼 수 있겠느냐 노끈으로 그 혀를 맬 수 있겠느냐"라고 한다. 그러면서 난외주기로 가면 '악어로 볼 수도 있음'이라고 되어 있다. 그것은 그 당시 '악어'가 바다에서 가장 두려운 이미지를 지닌 동물이었기 때문이다.

5) 그러나 이것은 악어 그 자체를 가리키는 것이라기 보다 혼돈과 미지의 동물로 '악' 그 자체를 형상화한 것으로 볼 수 있다. 그래서 뱀, 용 등으로도 번역이 가능하다. 고대의 무시무시한 혼돈의 괴물로 이해할 수 있다. 악의 상징으로 사용되고 있다. 바알의 원수로 알려진 동물이기도 하다. 그래서 거의 모든 성경들이 그냥 '리워야단'이라고 기록하고 있다. 이러한 리워야단까지도 하나님의 권능 앞에 더 이상 혼돈의 괴물로서 두려움을 나타내는 대상이 아니라, 하나님이 창조하신 바다 가운데 노는 하나의 피조물로 기록하고 있다. 공포와 두려움 그 자체를 상징하는 것으로 여겨지는 혼돈의 괴물 리워야단마저도 하나님께서 지으신 자연을 즐기는, 하나님의 은총을 누리는 하나의 피조물로 기록하고 있다.

6) 또 하나 '크고 넓은 바다' 역시 그 당시 사람들에게는 두려움의 대상이었다. 인간의 통제가 불가능하고, 거대한 규모를 지키고 있으며 바람과 함께 엄청난 파도를 일으키는 바다 역시 인간에게 두려움을 줄 뿐 아니라, 심지어 숭배의 대상이 되기도 하였다. 그러니 이러한 것을 보는 것만으로도 위압감을 주는 크고 넓은 바다도 하나님에 의해 만들어진 창조의 산물이다. 그리고 그 속에 '리워야

단' 역시도 하나의 피조물이라는 사실이다. 태초의 용이요, 혼돈의 짐승이었던 리워야단 역시 하나님의 애완용 물고기처럼 하나님의 어항인 바다에서 놀고 있다는 것이다. 이러한 표현은 궁극적으로 하나님의 권능과 영광, 그분의 위엄이 얼마나 크고 놀라운 것인지, 또한 하나님이 창조한 바다가 얼마나 광대한 것인지를 함축하고 있다. 이 세상의 모든 것이 다 하나님께 속한 것이라는 것이다. 하나님의 권능의 손바닥에서 놀고 있다는 것이다. 지배 아래 있다는 것이다.

결론 시편 104편은 창세기 1-2장의 천지 창조를 배경으로 말씀하고 있다. 하지만 창세기 1-2장과 시편 104편은 차이가 있다. 창세기 1-2장은 창조의 선언과 창조의 내력을 역사적 서술로 말씀하고 있다. 모세를 통해서 출애굽한 이스라엘 백성들을 청중으로 말씀하고 있다. 그러나 시편 104편은 창조주 하나님의 본질과 속성을 시적으로 말씀하고 있다. 그것도 그 청중이 누구인지도 자세히 알지 못한다. 시편 103편과 같이 시편 104편도 '다윗의 시'라고 생각한다면 다윗이 통치하던 이스라엘 백성들을 청중으로 말씀하고 있다. 만약 다윗의 시가 아니라면, 아마도 바벨론의 포로로 잡혀간 이스라엘 백성들을 청중으로 말씀하고 있다고 생각할 수 있다. 이러한 차이점이 있음에도 불구하고 천지 창조와 아주 밀접하게 연결되어 있다.

1) 창세기와 시편은 분명한 차이점이 있다. 가장 중요한 차이는 창세기는 율법서이며, 출애굽한 이스라엘 백성을 청중으로 하고 있다. 창조 사역, 역사에 대해서 말씀하고 있다. 그러나 시편은 시가서이며, 바벨론 포로 때의 이스라엘 백성 혹은 다윗의 때의 이스라엘 백성을 청중으로 하고 있다. 따라서 창세기는 창조의 선언과 창조의 내력을 강조하고 있다. 실제로 창조하심, 위대하심을 강조하고 있다. 그러나 시편은 그렇게 창조하신 창조의 본질, 하나님 자신의 속성, 본질을 말씀하고 있다. 위대하고, 놀라우신 창조주 하나님을 찬양하고 있다.

2) 시편 104편은 창세기에 나타난 하나님의 창조와 밀접하게 연결되어 있지만 이런 배경의 차이, 청중의 차이, 강조의 차이를 염두에 두어야 한다. 특별히 시편 기자는 창조주 하나님의 위대하심, 놀라우심을 찬양하고 있다. 따라서 천지 창조의 넷째 날, 해와 달, 별을 만드신 하나님의 행사와 104편은 조금 동떨어진 내용을 기록한 것으로 보여지고 있다. 이것을 올바로 이해하기 위해서는 시편 104편이 단순히 창세기 1장의 창조 기사를 도식적으로 반복하는 내용이 아님을 인식해야 한다. 물론 시편 104편 전체가 각각 단락을 이루어 창세기의 기사와 나름의 대응을 이루고는 있다. 그러나 시편 기자는 이에 더하여 그러한 창조가 얼마나 아름답고 위엄 있는 것인지, 그리고 얼마나 섬세하고 자애로운 것인지를 나타냄으로써 하나님을 찬양하기 위해 기록하고 있다.

3) 이에 시편 104:24-26은 해와 달, 그리고 그것이 뜨고 짐에 따라

연한과 일자, 밤낮의 구분이 이루어진다는 사실을 전달함과 동시에 이러한 질서를 따라 살아가는 자연 만물, 특히 동물들과 사람들의 행동을 기록하는 방식으로 되어 있다. 궁극적으로 이를 통해 시편 기자가 전달하고자 하는 바는 하나님이 지으신 해와 달, 그리고 그것으로 비롯된 창조 질서 아래 만물이 종속되고 그 질서와 어우러져 만물이 공존함을 나타내고 있다. 따라서 해와 달 등 천체들의 창조와 관련된 위대함과 경이로움, 그로 인해 세워진 질서의 확고함, 그 질서 안에 살아가는 피조물들의 상태와 관련한 하나님의 자애로운 손길과 섬세함이 어우러져 있다고 할 수 있다.

4) 시편 104:24-26은 천지 창조의 다섯째 날, 창세기 1:20-23의 말씀과 아주 밀접하게 연결되어 있다. 하나님께서 다섯째 날 물 속의 생물들과 하늘의 새를 창조하셨다. 셋째 날 식물을 창조하신 것과 같이 '그 종류대로' 다양하게 창조하셨다. 이로써 세상에는 참으로 다양한 식물과 생물들이 가득하게 되었다. 새들이 가득하게 되었다. 만일 하나님께서 한 종류의 물고기, 한 종류의 새들만 창조하셨다면 어떻게 되었을까? 아마도 세상은 지금처럼 아름답지 못하고, 단조로우며, 사람이 살기에 부적합한 곳이 되고 말았을 것이다. 그러나 하나님은 식물과 물고기와 새들을 아주 다양하게 창조하셨다. 이 세상을 아름답고 사람이 살기 좋은 곳으로 만드셨다. 다양성을 통해서 하나의 아름다운 하모니를 이루게 하셨다. 뿐만 아니라, 하나님께서는 한갓 미물에 불과한 물고기나 새도 아끼시면서 그 생명을 보존하시며, 번성케 하셨다. 하물며 더 귀중한 존

재인 하나님의 백성들이야 더 철저히 자비로움과 긍휼로 보호해 주시고, 보살펴 주시는 것이다.

5) 그러니 시편 104:24-26이 강조하는 것은 여호와 주께서 하신 일이 많다는 것이다. 그런데 만물을 지혜로 다 지으셨다는 것이다. 주께서 지으신 것들이 땅에 가득하다는 것이다. 그리고 거기에는 크고 넓은 바다가 있고, 그 속에 생물 곧 크고 작은 동물들이 무수하다는 것이다. 그러면서 주께서 지으신 리워야단이 그 속에 놀고 있다고 했다.

6) 우리는 여기서 두 가지를 생각할 수 있다. 하나는 여호와 주께서 지혜로 지으셨으므로 그 지혜를 알고 지혜로운 자가 되어야 한다. 가장 지혜로운 것은 하나님이 창조하신 섭리대로 따라 가는 것이다. 다른 하나는 여호와 주께서 무수한 것을 지으셨는데, 그 속에 리워야단도 있다는 것이다. 따라서 이 세상의 모든 것이 다 하나님의 손 안에서 놀고 있다는 것이다. 그러므로 우리는 하나님의 손에서 자유를 누려야 한다. 하나님의 통치를 받으면서 살아야 한다. 그래서 이 세상의 모든 일이 다 하나님의 절대적 주권 하에서 이루어진다는 사실을 깨닫고, 내 인생의 수많은 희로애락의 모든 일에 하나님의 섭리가 있음을 알고 날마다 그 하나님을 찬양해야 한다.

이 모든 것들이 주께서 제때에 먹이 주시기를 기다립니다.
These wait all upon thee; that thou mayest give them their meat in due season.
시편 104:27

14

이것들은 다 주께서

성경의 중간

14 이것들은 다 주께서

성경 : 시편 104 : 27 – 30

서론 창세기 1-2장의 천지 창조와 시편 104편은 유사성도 있지만, 차이점도 있다. 창세기 1-2장은 율법서로 창조의 선언과 창조의 내력을 역사적 서술로 말씀하고 있다. 그것도 모세를 통해서 출애굽한 이스라엘 백성들을 청중으로 말씀하고 있다. 그러나 시편 104편은 시가서로, 창조주 하나님의 본질과 속성을 시적으로 말씀하고 있다. 그러나 그 청중이 누구인지는 자세히 알지 못한다. 시편 103편과 같이 시편 104편도 '다윗의 시'라고 생각한다면, 다윗이 통치하던 이스라엘 백성들을 청중으로 말씀하는 것이다. 만약 다윗의 시가 아니라면, 아마도 바벨론의 포로로 잡혀간 이스라엘 백성들을 청중으로 말씀하고 있다고 생각할 수 있다. 따라서 창세기는 창조의 선언과 창조의 내력을 강조하고 있다. 실제로 창조하심, 위대하심을 강조하고 있다. 그러나 시편은 그렇게 창조하신 창조의 본질, 하나님 자신의 속성, 본질을 강조하고 있다. 위대하고, 놀라우신 창조주 하나님을 찬양하고 있다. 이렇게 장르가 다르고, 배경이 다르고, 청중이 다르며, 강조가 다르다. 그러면서 천지 창조가 7일간 이루어진 것과 같이 시편 104편도 7연으로 이루어져 있다.

1) 첫째, 시편 104:1-4은 천지 창조의 첫째 날, 창세기 1:1-5과 아주 밀접하게 연결되어 있다.

2) 둘째, 시편 104:5-9은 천지 창조의 둘째 날, 창세기 1:6-8과 아주 밀접하게 연결되어 있다.

3) 셋째, 시편 104:10-18은 천지 창조의 셋째 날, 창세기 1:9-13과 아주 밀접하게 연결되어 있다.

4) 넷째, 104:19-23은 천지 창조 넷째 날 천체들, 곧 해, 달, 별 등을 창조하심으로 절기와 주야의 순환 질서를 이루시고 보존하신 하나님을 찬양하고 있다. 이는 자연스럽게 창조 넷째 날 창세기 1:14-19의 말씀과 병행이 되고 있다.

5) 다섯째, 104:24-26에서는 하나님께서 바다를 다스리는 주이심을 찬양하고 있다. 따라서 그 배경은 천지 창조 다섯째 날, 창세기 1:20-23의 말씀이다.

6) 여섯째, 104:27-30은 천지 창조 여섯째 날에 지어진 지상의 모든 생물들과 관련되어 있다.

창세기 1:24-31과 연결되어 있다. 여섯째 날에는 하나님께서 땅의 짐승과 사람을 창조하셨다. 짐승을 그 종류대로 창조하셨다. 그리고 "우리의 형상을 따라 우리의 모양대로 우리가 사람을 만들자"라고 하셨다. 남자와 여자를 창조하시고, 복을 주시면서, 생육하고 번성하여 땅에 충만하라, 땅을 정복하라고 하셨다. 다섯째 날에 공중의 새와 바다의 물고기에게 생육하고 번성하라고 하셨던 것에 추가적으로 땅을 정복하라, 모든 생물을 다스리라고 말씀하고 있다. 그리고 "내가 모든 것을 주노라"라고 하시면서 하나님이 풍성하게 하고 있다. 다른 어떤 피조물보다 사람은 왕처럼 존귀한 존재로 창조하셨다. 또 다른 피조물과 달리 사람만이 하나님과 사귐을 가질 수 있는 유일한 존재로 창조하셨다. 그리고 다른 피조물과 달리 사람은 하나님의 대리자로 창조하셨다.

7) 하지만 시편 104:27-30에서는 여섯째 날에 각종 짐승과 사람을 창조하셨음을 전혀 말씀하지 않고 있다.

그 대신에 주께서 모든 생물들에 대해 절대 주권을 지니시고, 그 모든 것들에게 필요한 것들을 은혜로 공급하시며, 그 생성과 사멸을 주관하시는 하나님을 찬양하고 있다. 이것들은 다 주께서 창조하셨다.

1. 주께서 주신즉

1) 주께서 모든 생물들에 대해 절대 주권을 지니시고, 그 모든 것들에게 필요한 것들을 은혜로 공급하시며, 그 생성과 사멸을 주관하시는 하나님을 찬양하고 있다. 여기서 '이것들은 다'라고 하는데, 시편 104:25-26에 있는 무수히 많은 크고 작은 동물들과 리워야단만을 의미하지 않는다. 지금까지 하나님께서 창조하신 모든 것들을 다 포함하고 있다. 첫째 날부터 지금까지 모든 종류의 동물들을

포함하여 모든 피조물을 다 가리키고 있다. 그러면서 시편 104:27에서 모든 생물들이 다 여호와의 공급하시는 은총으로 살아간다는 것이다. '주께서 때를 따라 먹을 것을 주시기를 바란다'고 한다. 시편 104:21에서 말씀하듯이 주께서 주실 먹이를 바라보고 있다는 것이다.

2) 세상에 존재하는 크고 작은 모든 생명들은 다 그들 나름의 양식이 있다. 하지만 시편 104:27에서는 그들 모두에게 주께서 필요한 양식을 공급하신다는 것이다. 때를 따라 먹이를 주시는 여호와의 은총이 없다면, 그것들은 생존 자체가 불가능해진다는 것이다. 모든 자연 생태계가 스스로의 힘으로 생존하는 것처럼 보이지만 실상은 여호와의 은총을 통해서 살아간다는 것이다. 여기 '바라나이다'라는 말씀은 희망과 인내를 가지고 기다리는 것을 의미한다. 그런데 미완료형으로 그러한 기다림이 절실하면서도, 지속적으로 계속된다는 사실을 말씀하고 있다. 과거 출애굽한 이스라엘 백성들이 하늘에서 내리던 만나를 바라듯이, 메추라기를 바라듯이 주께서 때를 따라 먹을 것을 주시기를 바라고 있다.

3) 시편 104:28에서 바라는 자들에게 주께서 주신다는 것이다. 주께서 주시니, 받으며, 주께서 손을 펴시니, 좋은 것으로 만족한다는 것이다. 여기에서는 4개의 능동 미완료형이 반복적으로 기록되어 있다. '주신즉', '받으며', '펴신즉' '만족하다가'라는 말씀이다. 전반부와 후반부가 거의 동일한 의미를 지니고 있다. 그러나 단순히 같은 말을 반복하는 것이 아니라, 유사하면서도 보다 강조적인 대구

를 이루고 있다. 상반절은 하나님이 주시고 피조물들이 이를 받는 것으로 기록하고, 후반절은 신인동형동성론적 표현을 사용해, 하나님이 직접 손을 펴서 필요한 식물을 나누어주시고, 그것을 받아 누리는 정도가 아니라, 만족해 하는 모습으로 기록하고 있다. 특별히 여기 '만족하다'라는 말씀은 단순히 충분하다, 채우다라는 의미를 넘어서 물리게 하다. 싫증나다라는 의미까지 포함하고 있다. 넘칠 정도로 흡족하게 채우면서, 그러한 충족한 공급, 넘치는 상태가 지속적으로 반복되어 싫증날 정도로 만족하게 하신다는 것이다.

4) 이렇게 시편 기자는 주님을 농부의 모습으로 소개하고 있다. 마치 농부가 자신의 모든 가축들에게 먹이를 주는 것처럼 주님께서 모든 동물, 짐승들에게 먹이를 준다는 것이다. 자신의 손을 펴서 먹이를 주면, 모든 짐승들이 쪼르르 달려와서 받아먹는 모습을 그림으로 그리고 있다. 주께서 짐승에게 먹이를 그냥 던져 주는 것이 아니라, 손을 펴서 사랑과 배려로 먹이를 주는 것이다. 한 번 먹고 나면 배가 불러 만족스러워한다는 것이다. 그것도 한 번만 아니라, 계속적으로 그렇게 한다는 것이다. 주께서는 자상하고도 자발적으로 필요한 양식, 필요한 모든 것을 끊임없이 내어주시며, 그 손을 펴서 생물들에게 필요한 것을 나누어 주신다는 것이다. 아울러 생물들은 하나님이 주신 것을 취할 뿐 아니라, 그 손에서 나오는 것을 직접 받아 만족해 한다는 것이다. 이것을 통해서 시편 기자는 하나님의 풍성하심이 얼마나 큰 것인지, 그리고 하나님만이 만물을 먹이시는 창조주이시며 주권자이심을 확고하게 말씀하고 있다.

2. 주께서 숨기신즉

1) 이렇게 시편 104:28을 통해서 여호와 하나님께서 은혜를 베푸신 생물들에게 풍부한 먹이를 주시는 상황을 말씀했다. 이제 104:29은 반대의 상황을 말씀하고 있다. 긍정적인 관점과 대조적으로 부정적 관점에서 말씀하고 있다. 여호와 하나님께서 베푸시던 은혜가 중단되는 상황을 말씀하고 있다. '주께서 낯을 숨기신즉'이라고 한다. 여기 '낯'은 '당신의 얼굴'이다. 얼굴은 여호와의 은총을 상징적으로 표현하는 것이다. 그런데 낯을 숨긴다는 것은 하나님께서 은혜로 지속시키셨던 먹이 공급을 더 이상 계속하지 않는다는 의미이다. 주시던 방향으로부터 시선을 전환시키는 것을 뜻한다. 이처럼 하나님이 태도를 바꾸신 것에 대한 지상의 생물들의 반응은 떠는 것으로 나타나고 있다. 하나님이 돌보시는 은총을 거두시는 것을 말씀하고 있다.

2) '그들이 떨다'는 깜짝 놀라다, 당황하다라는 의미로 심하게 당혹스러워하며 어쩔 줄 몰라 하는 모습이다. 여기 '숨기다'와 '떨다'가 모두 미완료형으로 여호와께서 그 얼굴을 숨기는 동안 지속적으로 모든 생물들이 두려움과 불안, 당혹스러움으로 떨 수밖에 없음을 말씀하고 있다. 여호와의 공급으로만 살아갈 수 있는 생물들이 여호와의 은총이 끝나는 상황에서 느낄 당혹감이 얼마나 큰지를 한번 생각해 보면 된다. 하지만 시편 104:29의 강조는 하나님이 그 모든 생물들에게 은혜를 중단하는 상황 그 자체를 묘사하기

보다는 그 모든 생물들이 하나님의 돌보심과 은혜 아래서만 풍성한 생명을 누리면서 살아갈 수 있다는 상황을 강조하고 있다. 따라서 이것 역시 모든 생물들에 대한 창조주로서 하나님의 절대적 주권을 강조하고 있다.

3) 시편 104:28 상반절에서 하나님의 공급으로 인해 만물이 풍성한 먹을 것을 얻고 있는 상황을 말씀했다면, 시편 104:29 상반절에서는 하나님의 은혜 베푸심을 중단할 경우에 두려움, 불안으로 떨면서 살아가는 상황을 말씀하고 있다. 이러한 것을 통해 세상 만물이 전적으로 하나님의 은혜를 힘입어 살아가고 있음을 강조하고 있다. 이어지는 시편 104:29 하반절에서는 하나님께서 그 모든 생명들의 호흡을 거두시면 결국 그것들이 죽고 소멸될 것임을 나타내고 있다. 주께서 잠시라도 자신의 은총을 거두시고 돌보시지 않으시면, 모든 존재들이 죽을 수밖에 없다는 것이다. 한 걸음 더 나아가서 그들의 호흡을 거두신다면 그들은 다 흙으로 돌아갈 수밖에 없는 존재라는 것이다.

4) 이는 모든 생물들의 생사가 하나님께 달려 있음을 말씀하고 있다. 하나님께서 짐승들의 혼을 앗아가시면 결국 죽음에 이르게 된다는 것이다. 그들이 죽어 본래의 흙으로 돌아가는 것이다. 여기 먼지, 티끌은 '아파르' 즉 '아담'(창 2:7)에서 취한 것이기 때문에 본질은 동일하다. 또한 '돌아가다'는 말씀은 본래 있던 자리로 돌아간다는 것이다. 생물들이 본래 흙에서 나왔으니 흙으로 돌아간다는 것이다(창 2:19). 사람이든 짐승이든 죽으면 그 시체가 썩어 그 모

든 성분이 다 흙 속으로 스며들어 흙의 일부가 되어 버리는 것이
다. 주께서 자기 생명의 바람을 그들의 코에 넣어 주심으로 그들이
살고 있으므로(창 2:7, 6:17), 이 생기를 거두어 가시면 아무리 강한
동물들도 다 흙으로 돌아갈 수밖에 없다(창 3:19, 시 146:4, 전 12:7,
욥 10:12, 12:10, 34:14). 오직 하나님만이 모든 생명의 주인이시며,
모든 피조물은 주님께 완전히 의지해야 한다. 모든 생물들의 호흡
과 생명이 하나님의 주권 속에 있음을 말씀하고 있다. 따라서 이
모든 생물들은 먹이를 하나님께 의지할 뿐 아니라, 그들의 목숨도
주님께 달려 있다는 것이다.

결론 시편 104:27-30은 천지 창조의 여섯째 날과 연결되어
있다. 그런데 여기서는 여섯째 날 그 종류대로 짐승을 만
드시고, 하나님의 형상을 따라 사람을 만드신 것에 대해
서는 전혀 언급하지 않는다. 또한 생육하고 번성하여 땅
에 충만하라, 땅을 다스리라는 말씀도 언급하지 않는다.
왜냐하면 앞에서 이미 짐승과 사람에 대해서 말씀했기
때문이다(시 104: 11, 14, 18, 20, 21-22, 23).

1) 그러면서 시편 104:27-30이 강조하는 것은 무엇인가? 하나님이 지
   으신 모든 피조물이 다 주께서 때를 따라 먹을 것을 주시기를 바라
   야 한다는 것이다. 바라는 자들에게 주께서 주신다는 것이다. 주께
   서 주시면 그들이 받는다는 것이다. 주께서 손을 펴신즉 그들이 좋
   은 것으로 만족하게 된다는 것이다. 하나님은 피조물을 창조하시

고, 나는 이제 모르겠다고 책임을 회피하지 않으신다. 하나님이 창조하신 피조물을 하나님이 다 책임지시면서, 바라는 자에게 주시는 분이시라는 것이다. 그것도 좋은 것으로 만족하게 주시는 분이시라는 것이다.

2) 또한 주실 뿐만 아니라. 숨기시는 분이라는 것이다. 주께서 얼굴을 숨기시고, 은혜를 거두시면 떨고, 호흡을 거두시면 결국 죽어 먼지로 돌아간다는 것이다. 다 끝장난다는 것이다. 하지만 끝난 것이 끝난 것이 아니라는 것이다. 끝난 것 같은데, 주의 영을 보내어 새롭게 창조하신다는 것이다. 미래의 새로운 소망을 불어 넣어 주고 있다.

3) 그러므로 지금 우리가 살아 있음도 하나님의 은혜요, 앞으로 살아갈 힘도 하나님의 은혜이다. 우리의 미래는 전적으로 '주의 영'에 의해서 이루어지는 것이다. 살려주는 영에 의해서 살아가게 되는 것이다. 회복의 축복을 누리게 되는 것이다. 모든 피조물을 보살피시는 하나님의 은혜를 찬양해야 한다.

여호와의 영광이 영원히 지속되며 여호와께서 그 행하신 일로 기뻐하시기를
원하노라.
The glory of the Lord shall endure for ever: the Lord shall rejoice in his
works.
시편 104:31

15

여호와의 영광이

15 여호와의 영광이

성경 : 시편 104 : 31 – 35

> **서론** 시편 104편은 104:1에서 "내 영혼아 여호와를 송축하라 여호와 나의 하나님이여 주는 심히 위대하시며 존귀와 권위로 옷 입으셨나이다"라고 한다. 그리고 104:35에서 "죄인들을 땅에서 소멸하시며 악인들을 다시 있지 못하게 하시리로다 내 영혼아 여호와를 송축하라 할렐루야"라고 한다. 역시 '내 영혼아 여호와를 송축하라'는 말씀으로 수미쌍관(inclusio)를 이루고 있다. 그러면서 '할렐루야'로 끝을 맺고 있다.

1) 시편 104편은 창세기 1-2장의 천지 창조를 배경으로 말씀하고 있다. 천지 창조가 7일간 이루어진 것과 같이 시편 104편도 7연으로 이루어져 있다.

2) 그 중 시편 104:27-30은 천지 창조 여섯째 날에 지어진 지상의 모든 생물들과 관련되어 있다.

창세기 1:24-31과 연결되어 있다. 여섯째 날에는 땅의 짐승과 사람을 창조하셨다. 짐승을 그 종류대로 창조하셨다. 그리고 "우리의 형상을 따라 우리의 모양대로 우리가 사람을 만들자"라고 하셨다. 남자와 여자를 창조하시고, 복을 주시면서, 생육하고 번성하여 땅에 충만하라 땅을 정복하라고 하셨다.

3) 다섯째 날에 공중의 새와 바다의 물고기에게 생육하고 번성하라고 하셨던 것에 추가적으로 땅을 정복하라, 모든 생물을 다스리라고 말씀하고 있다.

그러면서 "내가 모든 것을 주노라"라고 하시면서 하나님이 풍성하게 하고 있다. 다른 어떤 피조물보다 사람은 왕처럼 존귀한 존재로 창조하셨다. 또 다른 피조물과 달리 사람만이 하나님과 사귐을 가질 수 있는 유일한 존재로 창조하셨다. 그리고 다른 피조물과 달리 사람을 하나님의 대리자로 창조하셨다.

4) 하지만 시편 104:27-30에서는 여섯째 날에 각종 짐승과 사람을 창조하셨음을 전혀 말씀하지 않고 있다.

그 대신에 주께서 모든 생물들에 대해 절대 주권을 지니시고, 그 모든 것들에게 필요한 것들을 은혜로 공급하시며, 그 생성과 사멸을 주관하시는 하나님을 찬양하고 있다. 천지 창조 여섯째 날 만드신 지상 생물들에게 양식을 공급하시며, 그 생명을 유지, 보존하실 뿐 아니라 그것의 사멸과 생성을 통한 존속 과정에 여호와께서 개입하심을 말씀하고 있다. 이것들을 다 주께서 주신다는 것이다. 그것도 좋은 것으로 만족하게 주신다는 것이다. 또한 주께서 거두신다는 것이다. 호흡을 거두신즉 흙으로 돌아가게 된다는 것이다. 하지만 주의 영을 통해서 다시 새롭게 하신다는 것이다. 이를 통해 모든 피조물을 다스리는 하나님을 말씀하고 있다. 그래서 시편 기자는 그 모든 것에 대한 창조주 하나님의 절대주권을 찬양하고 있다.

5) 이제 시편 104:31-35은 여호와의 영원한 영광을 기원하고 평생 찬송할 것을 결단하는 내용을 말씀하고 있다.

이러한 시편 104:31-35의 내용은 하나님의 천지 창조를 마감하는 창조 일곱째 날, 곧 안식의 날과 긴밀하게 연관을 지니는 것이라고 할 수 있다. 창세기 2:1-3을 배경으로 말씀하고 있다. 창세기 1:1-2에서 태초에 하나님이 하늘과 땅을 창조하셨다고 하시면서 위대한 창조의 선언으로 시작했다. 이제 2:1-3에서는 하나님이 그 창조하시며 만드시던 모든 일을 마치셨다고 하시면서 놀라운 창조의 완성으로 끝을 맺고 있다.

6) 지금까지 창조의 6일간은 '저녁이 되고 아침이 되니 이는 0째 날이라'(창 1:5, 8, 13, 19, 23, 31)라고 했다.

그러나 일곱째 날은 '저녁이 되고 아침이 되니'라는 말씀이 없다. 그러면서 '일곱째 날'이라는 말씀을 세 번이나 기록하고 있다. 2:3의 '그 날'까지 합치면 무려 4번이나 그 날에 대해서 말씀하고 있다. 이렇게 일곱째 날을 다른 엿새 동안과 다르게 아주 특별하게 말씀하고 있다. 일곱째 날은 모든 일을 마치고 안식한 날이다. 또한 복되고 거룩한 날이다. 하지만 시편 104:31-35에는 전혀 그러한 말씀이 없다. 완전히 다르게 기록하고 있다. 안식을 예배로 전환하여 말씀하고 있다. 예배의 가장 중요한 요소가 '여호와의 영광'이다.

1. 행하시는 일로 즐거워하시도다.

1) 시편 1(4:31과 시편 104:32에서 시편 기자는 여호와의 영원한 영광을 기낼하고, 주의 위엄에 대하여 경탄하고 있다. 이러한 내용을 시작하는 시편 104:31은 시편 104:29-30과 대조를 이루고 있다. 여기에서는 피조물들의 유한성과 여호와의 영원성 사이의 대조가 나타나고 있다. '여호와의 영광'은 여호와 자신과 동일시되고 있다. 여호와는 본래 스스로 영광스러운 분이기 때문이다. 여호와의 영광이 다른 제3의 세력에 의해서 존재하는 것이 아니다. 그 자체가 제1원인자로 스스로 존재하는 근원이 되시며, 그 존재를 지속시키는 것이다. 따라서 피조물이 여호와의 공급하시는 힘에 의해서 존속하는 것과 명백한 대조를 이루고 있다. 그러므로 시편 기자는 여호와의 영광이 지속적으로 드러나며, 그 영광스런 은혜가 계속되기를 바라는 심정으로 기원하고 있는 것이다.

2) 마치 여호와 하나님께서 창조의 일을 다 마치셨을 때에 '그 지으신 모든 것을 보시니 보시기에 심히 좋았더라'(창 1:31)라고 말씀하신 것과 같이 그 지으신 만물을 통하여 여호와의 영광이 영원히 계속될 것이기 때문이다. 그것은 그 만물을 하나님의 지으신 목적을 따라 변함없이 이 세상 종말이 이를 때까지 계속하여 발휘될 것이기 때문이다. 만물을 창조하신 목적이 여호와의 영광을 위함이었기 때문이다(사 43:21). 그래서 시편 기자의 가장 강렬한 소원은 여호와의 영광이 지속되는 것이요 여호와께서 스스로 즐거워하는 데

있다(창 1:31). 일반적으로 여호와의 영광은 자신을 계시하실 때 나타나는 거룩함과 위엄과 능력을 가리키고 있다(출 16:7, 10, 24:16, 17, 40:34, 35). 따라서 시편 기자는 창조주 하나님께서 그 지으신 만물을 통하여 자신의 영광을 드러내기를 구하고 있다(시 19:1, 29:9, 150:1, 사 6:3).

3) 이어서 여호와께서 이 창조물, 피조물을 볼 때 그렇게 좋으셨고, 이제는 그 창조물, 피조물들 곧 그 행하신 일들로 인하여 즐거워하신다는 것이다. 여호와께서 창조하신 것들, 섭리의 결과로 이루어진 일들, 그 외 모든 은혜로운 행사를 포괄하고 있다. 이것으로 말미암아 즐거워한다는 것이다. 이러한 즐거움은 외부적인 것에서 기인한 것이 아니라, 여호와 자신의 권능과 영광을 현시하는 창조와 섭리, 축복의 역사 그 자체 안에 그 원천이 있음을 말씀하고 있다. 여호와의 즐거움은 외부에서 오는 것이 아니라, 그 사역의 결과로서 내부에서 솟아 나오는 자충족적인 것이다. 특별히 여기 '즐거워하시리로다'라는 말씀은 미완료형으로 그 즐거움이 지속적이고, 영구적인 것을 나타내고 있다. 따라서 이것을 다시 번역하면 '주께서 그의 지으신 것들 안에서 기뻐하시기를 바라나이다'라고 할 수 있다. 이러한 말씀은 하나님께서 천지 창조 당시 지으신 만물을 보시고, 그것으로 인해 기뻐하셨다는 말씀을 연상하게 하고 있다(창 1:4, 12, 18, 21, 25, 31). 이처럼 창조 당시 하나님이 그 지으신 만물을 보시고 기뻐하신 것은 피조물들 가운데 여호와의 영광과 능력이 선명하게 현시되었기 때문이다.

4) 시편 104:32은 하나님께서 역사하시기 위하여 임재하시고, 나타나실 때 수반되는 현상을 말씀하고 있다. 그런데 시편 104:32은 시편 104:31과 비교해 볼 때 갑작스럽게 느껴진다. 그러나 자세히 살펴 이면적인 의미를 비교해 보면 분명한 연결점이 있음을 확인할 수 있다. 시편 104:31에서 시편 기자는 기원의 의미를 반복하면서 여호와의 영원한 영광과 하나님께서 당신의 행하신 일, 그 지으신 만물 가운데서 기뻐하시며 영광을 받으시기를 간구했다. 이제 하나님의 위엄, 곧 그분의 엄위하심, 경이로우심을 강조한다고 할 수 있다. 여호와 영광은 그분의 엄위하심, 두려우심과 별개의 것이 아니라, 하나님의 거룩하신 성품 가운데 그분의 영광스러움과 엄위하심을 강조적으로 표현하고 있다.

5) '그가…보신즉' 즉 주시면서 골똘히 바라보았다는 것이다. 불꽃같은 시선으로 보신즉 땅이 진동하며, 산들을 만지신즉 연기가 발하였다는 것이다. 땅의 진동과 산들의 화재의 이미지는 하나님의 임재와 관련성을 가지고 있는 것이다. 이것은 마치 여호와께서 이스라엘 백성에게 율법을 주시기 위해 시내산에 강림하셨을 때에 있었던 현상(출 19:18)을 상기시키고 있다. 바라보고 만지는 것으로 진동하고, 연기를 발하게 됨으로 하나님이 얼마나 위대하고, 엄청난 위용을 지니신 분인지를 나타내고 있다. 그래서 하나님께 합당한 영광을 돌려야 한다. 이제라도 나를 살려 주셨으니 그 본연의 목적과 본분을 따라 여호와께 영광을 돌리고, 하나님을 기쁘시게 해 드리는 것이 참된 안식이다.

2. 나는 여호와로 즐거워하리로다

1) 시편 104:33은 여호와께서 자기 하신 일로 즐거워하시기를 바라고 있다. 이제 시편 104:33-35에서 시편 기자는 평생 찬양할 것을 결단하고 악인의 멸절을 기원하는 내용을 말씀하고 있다. 그것도 완벽한 동의 대구 구조를 통해서 말씀하고 있다. '나의 평생토록'과 '내가 살아 있는 동안', 그리고 '노래하며'와 '찬양하리로다'가 서로 대구 구조를 이루고 있다. 모두 1인칭으로 시편 기자의 강력한 의지를 보여주고 있다. 찬양의 기간을 평생토록, 살아 있는 동안 하겠다는 것이다.

2) 그러면서 그러한 노래와 찬양의 대상에 신명 둘 다를 사용하고 있다. '여호와께'와 '내 하나님을'이라고 하면서 노래와 찬양의 대상을 분명히 하고 있다. 104:1에서 '여호와 나의 하나님'이라고 한 것과 같다. 신실하신 하나님, 언약에 충실하신 하나님, 강하신 하나님, 능력의 하나님을 시편 기자 자신이 살아 있는 평생 동안 찬양하겠다는 굳은 의지를 선명하게 보여주고 있다. 다윗도 전에 평생토록 주를 송축하겠다고 하였다(시 63:4). 이제 시편 기자도 평생 여호와께 노래하며 찬양을 계속하겠다고 한다. 지금까지 노래하며 찬양하였는데, 앞으로도 계속하여 찬양하겠다는 것이다. 찬양은 평생하여도 오히려 부족하기 때문에 천국에서까지 계속하여야 한다(계 14:3).

3) 이어서 시편 104:34에서 이제 시편 기자는 자신이 여호와로 말

미암아 즐거워하겠다고 한다. 그것도 나의 기도를 기쁘게 여기시기를 바라면서 말이다. 여기 '나의 묵상' 혹은 '나의 기도'는 입으로 말을 계속하면서 무언가를 심사숙고하는 것을 의미한다. 여호와의 창조와 섭리를 생각하면서 여호와에 대해 묵상 혹은 기도하는 삶을 살았던 것이다. 그러한 묵상 혹은 기도가 아름다운 찬양으로 이어지고 있다. 그러나 우리말 성경에는 번역되지 않았지만, 원문에는 '그에 관하여'(알라이우)라는 말씀이 있다. 시편 기자는 묵상, 기도가 여호와에 관한 것임을 알 수 있다. 이렇게 여호와께서 당신 자신에 대한 시편 기자의 묵상과 기도를 즐거워할 것이라고 한다. 그러나 반대로 이제 시편 기자가 여호와 안에서 즐거워할 것이라는 것이다. 따라서 여호와와 시편 기자의 관계가 얼마나 밀접한지, 그리고 시편 기자가 여호와께 얼마나 깊이 헌신되어 있는지를 잘 보여주고 있다. '여호와 안에서'의 즐거움, 기쁨을 말한다. 나는 여호와 안에서 기뻐할 것이라는 것이다. 서원을 실천으로 옮기고 있다.

4) 그리고 시편 104:35에서 시편 기자가 죄인과 악인의 멸절을 바라는 저주의 기원문을 반복적으로 말씀하고 있다. 이러한 말씀은 시편 104편의 흐름과 전혀 상관 없는 내용으로 보여지기도 한다. 하지만 이것이 지닌 이면적 의미는 시편 104편을 더욱 완성된 것으로 느껴지도록 하고 있다. 여기서 시편 기자는 소멸시켜 달라고 기원하는 '죄인'과 '악인'은 율법을 등한히 하고, 위반하는 자들이며, 도덕적, 인격적으로 사악한 자들이며, 해를 끼치는 자들을 지칭하는 것이다. 여호와 하나님이 신속히 일하셔서 이들을 속히 심

판하셔야 함을 강조하고 있다. 이들은 하나님의 창조 원리에 반하게 행동하는 자들이다. 하나님이 지으신 아름다운 세상을 오염시키고, 파괴하는 자들이다. 하나님의 창조 질서를 어지럽히는 자들이다. 따라서 하나님이 지으신 아름다운 세상에 존재할 가치가 없는 자들이다. 그러므로 결국 이 말씀은 여호와 하나님께서 지으시고, 세우신 창조를 아름답고 거룩하게 지켜달라는 의미이다. 그러면서 악인의 소멸을 간구하고 있다. 새 창조를 고대하고 꿈꾸고 있다. 따라서 '내 영혼아 여호와를 송축하라'로 시작하여, 이제 '내 영혼아 여호와를 송축하라 할렐루야'로 끝을 맺고 있다(시 104:1, 35). 이것은 시편 105편을 시작하는 말일 것이다. 그렇게 되면 시편 105편도 106편과 같이 '할렐루야'로 시작하고 '할렐루야'로 끝을 맺는 것이다.

결론 성경 전체의 처음 시작 부분이 구약성경 창세기이다. 창세기 중에서 시작은 창세기 1-4장이다. '첫 창조와 타락'이다. 창조를 통해서 시작한 에덴동산, 하나님의 나라, 이 세상에 대해서 말씀하고 있다. 그렇게 시작한 하나님의 나라, 이 세상에 하나님의 형상으로 창조된 아담과 하와의 타락으로 죄가 들어왔다. 죄로 말미암아 사망이 왕 노릇하게 되었다. 한마디로 엉망진창인 세상이 되었다. 이런 세상에 예수 그리스도께서 재림하셔서 이 세상을 심판하시면서 새 창조를 완성하시는 것이다. 예수 그리스도의 재림을 통해서 새 하늘과 새 땅,

에덴의 완성, 첫 에덴의 회복으로 새롭게 새 창조가 시작되는 것이다. 이러한 사실이 기록된 곳이 성경 전체의 마지막인 신약성경의 요한계시록이다. 요한계시록 19-22장이다. '심판과 새 창조'이다. 요한계시록 19-22장에서는 하나님의 나라의 완성, 에덴의 회복에 대해서 말씀하고 있다. 이렇게 성경 전체의 서론 부분과 결론 부분이 서로 밀접하게 수미쌍관(inclusio)을 이루고 하나의 통일성을 이루고 있다.

창세기 1-2장	창세기 3장 - 계시록 20장	계시록 21-22장
에덴의 창조(시작)	엉망진창인 세상, 타락과 멸망이다.	에덴의 회복(완성)

1) 성경은 크게 두 부분으로 나눌 수 있다. 하나는 구약성경이고, 다른 하나는 신약성경이다. 구약성경은 창세기 1:1의 창조로 시작하며 말라기 4:6의 저주로 끝을 맺고 있다. 그런데 반해 신약성경은 마태복음 1:1의 예수 그리스도의 계보로 시작하여 요한계시록 22:21에서 은혜로 끝을 맺고 있다. 구약 말라기 4:6에서는 아멘이 없다. 그러나 신약 요한계시록 22:21에서는 아멘이 있다. 저주를 은혜로 바꾸는 그곳에 아멘이 있다. 이것은 바로 예수 그리스도를 통해서 저주가 은혜로 바뀌는 것이다. 이렇게 성경은 창세기의 창조 즉 에덴동산으로 시작하여, 요한계시록의 새 창조 즉 새 하늘과 새 땅, 에덴의 회복, 에덴의 완성으로 끝을 맺고 있다. 이러한 사실을 통해 성경 전체를 한마디로 말하면 다음과 같다.

영원	성경 - 권위			영원
	창 1-4장	시 103편	계 19-22장	
	첫 창조와 타락	여호와를 송축하라	심판과 새 창조	
	성경 - 토대			

2) 그렇다면 성경 전체의 중심은 어디인가? 특별히 절의 중심은 어디
   인가? 시편 103편이다. 성경 전체 절의 중심에서 '내 영혼아 여호
   와를 송축하라'고 말씀하고 있다. 그것도 수미쌍관(inclusio)을 이
   루면서 강조하고 있다(시 103:1, 22). 성경의 제일 첫 절은 창세기
   1:1이다. 창조로 시작하고 있다. 또한 중심 구절은 시편 103편이
   다. "여호와를 송축하라"고 한다. 그리고 성경의 제일 마지막 절은
   요한계시록 22:21이다. 은혜와 아멘으로 끝을 맺고 있다.

시편 102편	시편 103편	시편 104편
시온의 회복 간청	여호와를 송축하라	천지의 창조 섭리

3) 그런데 시편 103편을 중심으로 앞과 뒤를 보면, 앞에는 시편 102
   편이 시온의 회복을 말씀하고 있다. 뒤에는 시편 104편이 처음 6
   일간의 창조를 말씀하고 있다. 그 중심에 있는 시편 103편에서 여
   호와를 송축하라고 하면서 여호와의 인자하심을 말씀하고 있다.
   그래서 스펄전은 시편 103편을 한 권의 성경이라 할 만큼 포괄적
   인 진리를 담고 있다고 했다. 또한 103편은 절수가 22절로 히브리
   어 알파벳 수효와 같아서 알파벳 시편이라고 한다.

4) 그런데 놀라운 것은 시편 102-104편이 성경 전체의 역순서로 기록되어 있다는 것이다. 성경 전체의 결론부와 이사야 후반부의 기록과 비슷한 시온의 회복을 먼저 말씀하고, 성경 전체의 서론부로 창세기 처음 부분인 세상의 창조를 나중에 말씀하고 있다. 그러면서 그 중심에서 여호와 하나님을 송축하라고 하는 것이다. 시편 102편은 성경 전체의 마지막 부분인 요한계시록 마지막 부분의 시온의 회복, 에덴의 회복을 먼저 말씀하고 있다. 그리고 시편 104편은 성경 전체의 처음 부분인 창세기의 창조 사역을 말씀하고 있다. 성경 전체의 역사적 순서대로 하면 시편 104편이 먼저 오고, 시편 102편이 나중에 와야 한다. 그런데 오히려 역순서로 말씀하고 있다. 시편 102편을 중심으로 앞으로 시편 101편의 표제가 다윗의 시이다. 뒤로 시편 103편의 표제가 다윗의 시이다. 앞과 뒤에 다윗의 시가 둘러 싸여 있다.

5) 따라서 시편 102편이 강조하는 내용은 진정한 시온의 회복을 바라는 자의 삶은 어떠해야 하는가이다. 아무리 새 하늘과 새 땅, 새 예루살렘을 향해서 살아간다고 해도, 한마디로 고난 당하는 것이 우리의 인생이다. 마음이 상하고, 큰 근심으로 괴로운 날이 있다. 이럴때 어떻게 해야 하는가? 이에 대한 해답이 바로 시편 102편이다. 시편 102:1-11에서 고난 당할 때, 내 기도가 필요하다. 내 부르짖음이 필요하다. 속히 내게 응답해 달라고 기도해야 한다. 그러면서 그러한 고난 당함이 '주의 분노와 진노'로 말미암았다는 사실을 깨달아야 한다. 영육의 고통, 소외의 고통, 절망의 고통을 당하

는 것은 주께서 나를 들어서 던지셨기 때문이라는 것이다. 그러나 이러한 절망 속에서도 희망이 있다. 그것은 시편 102:12-22에서 말씀하는 대반전, 대역전의 역사가 있기 때문이다. 여호와께서 시온을 긍휼히 여기시고, 시온을 건설하시고, 시온에게 그 이름과 영예를 선포하시기 때문이다. 반드시 시온을 회복하시기 때문이다. 그래서 열방과 열국, 장래의 세대와 창조함을 받을 백성과 민족들과 나라들이 함께 모여 여호와를 경외하고, 찬양하고 섬기게 될 것이다. 그리고 시편 102:23-28에서 '나의 하나님이여' 나의 중년에 나를 데려가지 말라는 것이다. 주의 연대는 대대에 무궁하기 때문이라는 것이다. 나는 유한하나, 주는 영원하다는 것이다. 천지는 없어지나 주는 영존하다는 것이다. 그러니 모든 것을 주님의 손에 맡기고, 주 앞에 시온의 회복을 위한 사명을 감당하면서 살아야 한다는 것이다. 나만 그렇게 하는 것이 아니라 주의 종들의 자손들, 후손들 다음 세대까지 주 앞에 굳게 서게 해야 한다는 것이다. 여기에 소망이 있다는 것이다. 이렇게 시온의 회복을 바라 보면서 소망을 노래하고 있다(회개-주의 징계-은혜-사명 결단).

6) 그리고 시편 103편은 '내 영혼아 여호와를 송축하라'고 한다(시 103:1, 22). 시편 103:1-5에서 '내 영혼아 여호와를 송축하라'고 한다. 그 이유는 그가 네게 모든 은택을 베풀어 주었기 때문이라는 것이다. 네 모든 죄악을 사하시고, 네 모든 병을 고치시며, 네 생명을 파멸에서 속량하시고, 네 소원을 만족하게 해 주셨기 때문이라는 것이다. 죄악을 용서하시고, 구원의 은혜, 풍성한 은혜를 베풀

어 주셨기 때문이라는 것이다. 이어서 시편 103:6-19은 여호와의 인자하심이 크시고, 영원함이 여호와를 경외하는 자에게 이르게 된다는 것이다. 그러면서 여호와를 경외하는 자가 곧 그의 언약을 지키고, 그의 법도를 기억하여 행하는 자라는 것이다. 그리고 시편 103:19-22에서는 시편 103:1-5과 반대로 '내 영혼아 여호와를 송축하라'는 것을 뒤에 말씀하고 있다. 그 근거를 앞에 말씀하고 있다. 그렇게 여호와를 경외하는 자에게, 그 말씀 그대로 행하는 자에게 여호와의 크시고, 영원한 인자하심을 베푸시는 분이 바로 만유의 통치자라는 것이다. 만왕의 왕이요 만유의 주요 온 우주의 주권자라는 것이다. 그런데 누가 여호와를 송축해야 하는가? 여호와의 천사들뿐만 아니라, 모든 천군과 모든 피조물까지 여호와의 인자하심을 송축해야 한다는 것이다. 죄를 용서하신 그분의 인자하심이 크고, 영원하시기 때문이다.

7) 이렇게 송축해야 하는 그 하나님 여호와는 어떠한 분이신가를 말씀하는 것이 시편 104편이다. 한마디로 천지를 창조하신 하나님 여호와라는 것이다. 그래서 시편 103편과 104편은 아주 밀접한 관계에 있다. 시편 103:1에서 "내 영혼아 여호와를 송축하라 내 속에 있는 것들아 다 그의 거룩한 이름을 송축하라"고 했다. 그리고 103:22에서 "여호와의 지으심을 받고 그가 다스리시는 모든 곳에 있는 너희여 여호와를 송축하라 내 영혼아 여호와를 송축하라"고 했다. 시편 103이 '내 영혼아 여호와를 송축하라'는 말씀으로 수미쌍관(inclusio)를 이루고 있다. 이와 같이 시편 104편도 시편 104:1

에서 "내 영혼아 여호와를 송축하라 여호와 나의 하나님이여 주는 심히 위대하시며 존귀와 권위로 옷 입으셨나이다"라고 한다. 그리고 시편 104:35에서 "죄인들을 땅에서 소멸하시며 악인들을 다시 있지 못하게 하시리로다 내 영혼아 여호와를 송축하라 할렐루야"라고 한다. 역시 '내 영혼아 여호와를 송축하라'는 말씀으로 수미쌍관(inclusio)를 이루고 있다. 그러면서 '할렐루야'로 끝을 맺고 있다. 그래서 시편 104편은 마치 시편 103편의 화답의 시이며, 한 쌍의 시와 같다.

8) 시편 104편은 창세기 1-2장에 나타난 장엄한 하나님의 창조 사역에 대한 피조물의 화답시라고 할 수 있다. 그래서 창세기 1-2장이 하나님의 관점에서 창조 사역을 현상적으로 말씀하였다면, 시편 104편은 인간의 관점에서 창조 가운데 내재된 하나님의 권능과 지혜와 섭리를 소리 높여 찬양하고 있다. 창세기는 율법서로 모세오경의 하나이며, 출애굽한 이스라엘 백성을 청중으로 하고 있다. 창조사역과 역사에 대해서 말씀하고 있다. 창조의 선언과 내력을 강조하고 있다. 타락 이전의 천지 창조에 대한 선언과 내력이다. 그러나 시편은 시가서이며, 바벨론 포로 때의 이스라엘 백성 혹은 다윗의 때의 이스라엘 백성을 청중으로 하고 있다. 창조하신 창조주의 본질, 속성, 본질을 찬양하고 있다. 위대하고 놀라우신 창조주 하나님을 찬양하고 있다. 타락 이전의 천지 창조에 대하여 여호와를 찬양하는 것이다. 이렇게 태초에 하나님께서 하늘과 땅을 창조하셨다. 하나님께서 창조하신 하늘과 땅이 혼돈하고 공허하며

흑암이 깊음 위에 있었다.

- 드디어 하나님께서 첫째 날, 하늘과 땅을 창조하셨는데, 그 땅 특별히 흑암에서 하나님께서 빛을 창조하셨다. 그 후에 빛과 어둠을 나누셨다(시 1:4). 빛을 낮이라고 하시고, 어둠을 밤이라고 부르셨다. 이를 통해 출애굽한 이스라엘 백성들은 흑암에서 구원하신 하나님의 택하신 백성이라는 사실을 강조하고 있다. 애굽과 이방인들과 다르게 구별하여 하나님을 경외해야 할 이스라엘 백성이라는 사실을 강조하고 있다. 나눔 즉 구별이 핵심이다. 하지만 시편 104:1-4에서는 첫째 날 빛을 창조하신 하나님이 빛을 입으시면서, 창조주로서 왕의 옷을 입으신 통치자라는 것이다. 광대하시고, 위대하신 하나님을 찬양한다. 그것도 지금도 여전히 살아 계신 하나님이시라는 것이다. 그 하나님이 '여호와 나의 하나님'이라는 것이다. 그들의 하나님이 아니라, 우리의 하나님이 아니라, 바로 나의 하나님이시라는 것이다. 약속을 지키시는 신실하시고, 전지 전능하신 아주 강하신 하나님이시라는 것이다. 그 여호와 나의 하나님이 물, 구름, 바람, 불꽃으로 역사하시는 하나님이시라는 것이다.

- 둘째 날, 그 땅에서 하늘로 전환하면서, 하나님께서 궁창을 창조하셨다. 그 후에 궁창 위의 물과 궁창 아래의 물로 나누셨다. 그 궁창을 하늘이라고 부르셨다. 이를 통해 출애굽한 이스라엘 백성들이 둘로 나누어진다는 것을 말씀하고 있다. 그러면서 땅 아래를 보면서 살아가는 것이 아니라, 하늘을 쳐다보면서 하나님을 의지

하면서 살아야 한다는 사실을 강조하고 있다. 소망이 핵심이다. 하지만 시편 104:5-9에서 '여호와 나의 하나님' 즉 주께서, 당신께서 천지 창조 둘째 날에 하신 일이 무엇인지를 말씀하고 있다. 주께서 물을 붙들고 있다는 것이다. 그래서 땅에 기초를 놓으셔서 영원히 요동하지 않는다는 것이다. 또한 주께서 물을 꾸짖으시니 그대로 되더라는 것이다. 주께서 말씀하신 그대로 된다는 것이다. 그리고 주께서 물을 정한 곳으로 흐르게 하신다는 것이다. 그러므로 우리는 주께서 붙들어 주시는 인생이 되어야 한다. 주의 말씀에 순종하는 인생이 되어야 한다. 주께서 정하신 코스로 살아가는 인생이 되어야 한다. 주의 뜻대로, 성령의 인도하심을 받아 살아야 한다고 했다.

- 셋째 날, 하늘에서 다시 땅으로 전환되면서, 궁창 아래의 물 즉 천하의 물이 한 곳으로 모이게 하고, 육지와 바다를 창조하셨다. 그 땅에 각기 종류대로 식물을 창조하셨다. 이를 통해 출애굽한 이스라엘 백성들은 땅을 통해 열매를 맺어야 한다는 사실을 강조하고 있다. 하나님과 불가분의 관계를 맺으면서 열매를 맺어야 한다는 사실을 강조하고 있다. 열매가 핵심이다. 하지만 시편 104:10-18은 여호와께서 샘을 골짜기에서 솟아나게 하고, 산 사이에 흐르게 하셔서 모든 짐승과 들나귀와 공중의 새들이 마시고, 해갈하며, 깃들이게 하셨다. 낮은 곳에서 샘솟는 생수로 살아가게 하셨다. 뿐만 아니라 높은 곳에서 쏟아지는 단비로 땅을 풍족하게 하고 있다. 채소를 자라게 하시고, 먹을 것이 나게 하시고, 사람을 힘 있게 하는 양식을 주셨다. 그래서 흡족하고, 평안과 안식으로 살게

하고 있다. 이렇게 인간은 하나님이 베풀어 주시는 은혜로 살아가게 되는 것이다. 때로는 낮은 곳에서 샘솟는 생수로, 때로는 높은 곳에서 쏟아지는 단비로 살아가게 되는 것이다. 그것도 해갈하며, 풍족하며, 흡족하게 살아가게 되는 것이다. 모든 것이 다 하나님의 크신 은혜로 살아가게 되는 것이다.

- 넷째 날, 땅에서 다시 하늘로 전환되면서, 하늘의 궁창에 광명체들을 창조하셨다. 두 큰 광명체 즉 해와 달을 통해 낮과 밤을 나누게 하고, 주관하게 하고, 이루게 하고, 땅을 비추게 하고 있다. 이를 통해 출애굽한 이스라엘 백성들은 광명체, 발광체, 하나의 반사체로서 세상에 빛을 비추어야 한다는 것을 말씀한다. 자신이 빛이 아니라, 반사체로서 하나님의 빛을 세상에 비추어야 한다는 사실을 강조하고 있다. 자기 역할을 잘 감당해야 한다. 자기 자리를 잘 지켜야 한다. 내게 주어진 임무를 충성스럽게 잘 감당해야 한다. 그래서 하나님이 창조하신 순리대로, 순응하면서 충성스럽게 살아야 한다. 역할이 핵심이다. 이렇게 하늘의 광명체는 다른 피조물을 위하여 철저하게 봉사하는 기능을 갖게 하고 있다. 하늘의 광명체가 사람을 섬기는 것이지, 사람이 경배해야 할 대상이 아니라는 사실이다. 해와 달과 별들이 자기의 자리를 지키고, 제 역할을 감당해야 한다. 만약에 자기 자리를 지키지 못하고, 제 역할을 감당하지 못하면 세상은 엉망진창이 되고 마는 것이다. 자기의 자리에서 충성을 다하면서, 자기 역할을 잘 감당하는 것이 하나님 보시기에 좋은 모습이다. 이렇게 시편 104:19-23에서 창조 넷째 날 하나님께서 천체를 창조하셔서 절기와 주야의 순환 질서를 주

관하게 하였음을 말씀하셨다. 그리고 그 질서 안에 살아가는 피조물들의 생태, 사람들의 삶의 방식과 관련하여 하나님의 자애로우심과 섬세한 손길을 찬양했다.

- 다섯째 날, 하늘에서 다시 물들과 땅 위 하늘의 궁창으로 전환되면서, 물들은 생물을 번성하게 하라고 하시면서 바다의 물고기와 하늘의 새를 창조하셨다. 움직이는 모든 생물을 그 종류대로 창조하셨다. 그러면서 하나님은 그들에게 복을 주시면서 생육하고, 번성하여, 땅에 충만하라고 하셨다. 이를 통해 출애굽한 이스라엘 백성들은 염려와 근심을 할 필요가 없다는 것을 말씀한다. 바다의 물고기와 공중의 나는 새도 하나님이 지키시고, 보살피는데, 반드시 하나님께서 약속하신 그 언약을 지키신다는 것이다. 그대로 이루어주신다는 것이다. 주변의 강력한 애굽과 이방으로부터 멸망하지 않도록 철저히 보호해 주신다는 것을 강조하고 있다. 보호가 핵심이다. 만일 하나님께서 한 종류의 물고기, 한 종류의 새들만 창조하셨다면 어떻게 되었을까? 아마도 세상은 지금처럼 아름답지 못하고, 사람이 살기에 부적합한 단조로운 곳이 되고 말았을 것이다. 그러나 하나님은 식물과 물고기와 새들을 아주 다양하게 창조하셨다. 이 세상을 아름답고 사람이 살기 좋은 곳으로 만드셨다. 다양성을 통한 하나의 아름다운 하모니를 이루게 하고 있다. 이렇게 시편 104편은 하나님께서 지혜로 창조하시고, 무수하게 창조하셨다는 것을 말씀하고 있다. 리워야단조차도 하나님의 통치 아래에서 놀고 있다는 것이다. 따라서 시편 104:25-26은 천지 창조 다섯째 날과 관련하여 바다를 다스리는 주를 찬양했다.

- 여섯째 날, 바다와 땅 위 하늘의 궁창에서 이제 땅으로 전환되면서, 땅의 생물 즉 짐승을 그 종류대로 창조하셨다. 뿐만 아니라, 하나님의 형상대로 사람을 남자와 여자로 창조하셨다. 그러면서 하나님이 복을 주시면서, 생육하고, 번성하여, 땅에 충만하라, 땅을 정복하라, 모든 생물을 다스리라고 하셨다. 그러면서 하나님이 사람에게는 내가 지면의 모든 채소와 열매 맺는 모든 나무를 너희에게 주노니, 너희의 먹을거리가 되리라고 하셨다. 또 모든 생물들에게도 내가 모든 푸른 풀을 먹을거리로 주노라고 하셨다. 이것이 출애굽한 이스라엘 백성들에게는 굉장한 위로의 말씀이 되었다. 출애굽한 이스라엘 백성들은 주변의 애굽과 이방나라들과 비교해 보면, 너무나 형편이 없었다. 그들은 집도, 경작할 땅도 다 가지고 있는데, 출애굽한 이스라엘 백성들은 가진 것이 없었다. 너무나 초라하고 보잘 것 없었다. 이러한 출애굽한 이스라엘 백성들에게 아니라는 것이다. '너희는 하나님의 형상으로 지음을 받은 내 백성'으로 너무나 소중하고, 귀한 존재라는 것이다. 뿐만 아니라, 하나님 자신이 모든 것을 풍성케 해 주시고, '너희는 세상을 정복하고 다스릴 복을 받은 존재'라는 것이다. 하나님의 5중 명령을 수행하여 제사장 나라를 세워갈 자들이라는 것이다. 온 세상에 하나님의 영광을 선포하면서 사명을 감당하면서 살아야 할 자들이라고 강조하고 있다. 사명이 핵심이다. 다섯째 날에 공중의 새와 바다의 물고기에게 생육하고 번성하라고 하셨던 것에 추가적으로 땅을 정복하라, 모든 생물을 다스리라고 말씀하고 있다. 그러면서 "내가 모든 것을 주노라"라고 하시면서 하나님이 풍성하게 하고

있다. 다른 어떤 피조물보다 사람은 왕처럼 존귀한 존재로 창조하셨다. 또 다른 피조물과 달리 사람만이 하나님과 사귐을 가질 수 있는 유일한 존재로 창조하셨다. 그리고 다른 피조물과 달리 사람은 하나님의 대리자로 창조하셨다. 하지만 시편 104:27-30에서는 여섯째 날에 각종 짐승과 사람을 창조하셨음을 전혀 말씀하지 않고 있다. 그 대신에 주께서 모든 생물들에 대해 절대 주권을 지니시고, 그 모든 것들에게 필요한 것들을 은혜로 공급하시며, 그 생성과 사멸을 주관하시는 분이심을 찬양하고 있다.

- 이제 일곱째 날, 하나님께서 천지와 만물을 완성하셨다. 하나님이 하시던 일을 마치셨다. 그리고 하나님께서 일곱째 날에 모든 일을 마치고 안식하셨다. 뿐만 아니라, 하나님께서 그 일곱째 날을 복되게 하시며 거룩하게 하셨다. 따라서 출애굽한 이스라엘 백성들은 안식일을 지켜야 했다. 하나님이 창조를 완성하신 날을 기념하면서 안식일을 지켜야 했다. 또한 출애굽에서 구원해 주신 그 은혜를 기념하면서 안식일을 지켜야 했다. 하나님께서 이 날에 복을 주시고, 거룩하게 하셨다. 그러므로 출애굽한 이스라엘 백성들은 안식일을 기억하여 거룩하게 지켜야 했다. 뿐만 아니라, 출애굽한 이스라엘 백성들은 철저히 하나님을 본받아 닮아가도록 안식일을 지켜야 했다. 애굽과 주변 이방인들의 모습을 본 받아 살아가는 것이 아니라, 철저히 하나님을 본받으면서 안식일을 지켜야 했다. 닮음이 핵심이다. 또한 순종이 핵심이다. 참된 안식은 예배를 통해서 주어진다는 것이다. 예배를 통해 여호와의 영광이 영원히 계속되는 것이다. 그러기 위해서 두 가지가 필요하다. 하나

는 여호와가 자기의 행하신 일로 즐거워해야 한다. 다시 말해서 하나님을 기쁘시게 해야 한다. 하나님께 영광을 돌리는 일을 해야 한다. 다른 하나는 내가 여호와로 즐거워 해야 한다. 그것도 내 평생토록 여호와께 노래하고, 찬양해야 한다. 내가 살아 있는 동안 하나님을 찬양하며, 체험해야 한다. 죄인들과 악인들이 소멸되는 그 날을 소망하면서 내 영혼이 여호와를 송축해야 한다. 창조주 하나님을 날마다 찬송하며 살아 가면서 하나님께 영광을 돌려야 한다.